L'EXALTÉ,

OU

HISTOIRE

DE GABRIEL DÉSODRY.

TOME PREMIER.

On trouve chez les mêmes Libraires :

OEUVRES DE L.-B. PICARD. 10 vol. Prix, 70 fr.

MÉMOIRES DE JACQUES FAUVEL, par J. DROZ et L.-B. PICARD. 4 vol. Prix, 11 fr.

IMPRIMERIE DE FAIN, PLACE DE L'ODÉON.

L'EXALTÉ,

OU

HISTOIRE

DE GABRIEL DÉSODRY,

SOUS L'ANCIEN RÉGIME,
PENDANT LA RÉVOLUTION,
ET SOUS L'EMPIRE;

PAR L.-B. PICARD,
DE L'ACADÉMIE FRANÇAISE.

SECONDE ÉDITION.

Tome Premier.

PARIS,
BAUDOUIN FRÈRES, LIBRAIRES,
RUE DE VAUGIRARD, N°. 36.

1824.

AVERTISSEMENT.

« L'exalté!... On dit une imagination, une tête exaltée, peut-être même un homme exalté; mais dit-on : c'est un exalté? — Pourquoi pas? on dit bien : C'est un glorieux; c'est un important; voilà un sot. Quand un mot exprime clairement une idée, pourquoi le repousser? — Oh! vous allez me dire que vous enrichissez la langue; je pourrais vous répondre qu'elle n'a que faire de vos dons; mais votre Désodry est-il toujours exalté? — Presque toujours; et d'ailleurs, si je vous avouais la vérité, si je vous disais que c'est mon libraire qui a désiré ce titre... — Bonne excuse! mais pourquoi mettre sur la couverture du livre, et en tête de chaque page, *sous l'ancien régime*, *pendant la révolution*, *sous l'empire?* — Est-ce mentir? l'action ne se passe-t-elle pas successivement pendant les époques désignées? — Oui, mais il y a des choses vraies qui ne sont pas exemptes de charlatanisme. —J'en conviens ; et si je vous disais que c'est encore mon libraire... — Toujours votre libraire ! — Que voulez-vous ? les libraires ne sont-ils pas les associés des auteurs ? ne s'entendent-ils pas bien mieux que nous à tout ce qui concerne le débit et la vogue d'un livre ? ne leur devons-nous pas déférence et respect ? — A la bonne heure ; je souhaite que vos lecteurs ne vous accusent que d'un excès de complaisance pour votre libraire. » Ce petit dialogue a eu lieu, il y a quelques jours, entre un ami et moi. J'ai cru devoir l'imprimer en tête de cet ouvrage, afin que le public puisse me juger en connaissance de cause.

J'étais fort lié avec M. Pierre Aubin, docteur en médecine, et auteur de l'histoire qu'on va lire dont je ne me donne que pour l'éditeur. Il ne la destinait pas à l'impression. Persuadé que l'homme doit continuer son éducation jusqu'à la fin de sa vie, il avait écrit cette histoire pour sa propre instruction, pour l'instruction de ses enfans, surtout pour celle de ses petits-enfans. En attendant qu'ils fussent en âge de la comprendre et d'en profiter, il en faisait des lectures à quelques amis intimes. J'étais du nombre. Un d'entre eux, le même avec qui j'ai eu le dialogue précédent, lui persuada qu'il pourrait y avoir quelque utilité à publier son livre. Par respect pour les convenances, M. Aubin crut devoir changer les noms de presque tous les personnages; en sorte que si quelqu'un prétendait se reconnaître, ce serait vraiment lui-même qui se nommerait.

Un jour, je disais à M. Aubin : « Pour » avoir pu raconter avec autant de détails » les actions et même les pensées de celui » que vous nommez Désodry, il faut que » vous ayez vécu avec lui dans une bien » grande intimité. — Oui, me répondit-il, » j'ai assisté pour ainsi dire à toute sa vie ; ce » qu'il ne m'a pas dit, je l'ai deviné ; j'ai lu » dans son âme aussi bien et peut-être mieux » que lui-même. »

L'action étant à peu près contemporaine, le docteur Aubin a dû nécessairement blesser quelques prétentions, heurter quelques préjugés. Il me semble qu'il parle des choses et des personnes avec justice et modération.

Mon ami Droz, avec qui j'ai publié *les Mémoires de Jacques Fauvel*, vient de faire imprimer un ouvrage aussi utile qu'intéressant, intitulé : *de la Philosophie morale* ou *des différens Systèmes sur la science de la vie.* Quoique cet ouvrage et celui-ci soient loin de se ressembler, bien des lecteurs, incrédules sur l'existence de M. Pierre Aubin, diront peut-être que j'ai composé un roman, et pour le prouver, ajouteront que j'ai puisé quelques idées dans le livre de M. Droz : je suis obligé d'avouer que leurs soupçons ne seraient pas tout-à-fait sans vraisemblance.

HISTOIRE

DE

GABRIEL DÉSODRY,

RACONTÉE

PAR SON AMI PIERRE AUBIN.

PREMIÈRE PARTIE.

LIVRE Ier.

CHAPITRE PREMIER.

Première rencontre des deux amis.

Ma vie a été douce et paisible, autant du moins que l'ont permis les grands événemens qui, depuis 1789, ont agité notre patrie ; mais j'avais un ami, Gabriel Désodry : il s'en faut que son existence ait été aussi calme que la mienne.

Mon caractère et d'heureuses circonstances m'ont porté, presque dès mon enfance, à me rendre compte de la manière dont je devais me conduire : bien jeune encore, j'ai voulu étudier les divers mobiles qui, à notre insu ou après examen, nous dirigent dans nos actions. Dès sa première jeunesse, et pendant tout le cours de sa vie, mon ami crut aussi devoir agir d'après un système, une doctrine de morale. L'homme qui veut parvenir à la vertu possède un grand avantage quand il s'est tracé à lui-même une règle de conduite ; mais un grand danger se trouve à côté de cet avantage : il n'est point de doctrine qui ne soit susceptible d'exagération, et trop souvent nos penchans, notre faiblesse, nous entraînent vers cette exagération. Je crois m'être tenu dans une juste mesure, et ma doctrine n'a jamais changé ; trop souvent mon ami, emporté par l'exaltation de son caractère, s'est livré aux excès, aux abus, aux folies de chacun des systèmes qu'il a tour à tour embrassés. Nous nous sommes souvent brouillés ; nous nous sommes toujours promptement réconciliés. Souvent j'ai dû perdre de mon estime pour lui, et j'en étais péniblement affecté ; jamais je n'ai rien perdu de mon amitié, car il a toujours été de bonne foi.

C'est son histoire et la mienne que je vais raconter. J'ai assisté, pour ainsi dire, à toute sa vie ; j'ai lu dans son âme aussi bien et peut-être mieux que lui-même. Je crois que le récit de ses erreurs peut offrir quelque intérêt ; je suis loin de me regarder comme un modèle, mais peut-être l'exposé des principes qui m'ont dirigé ne sera-t-il pas sans quelque utilité.

Je suis né en 1758. Michel Aubin, mon père, était un médecin fort estimé dans la petite ville de Montereau qu'il habitait, et dans les villages des environs; ma mère ne m'a jamais parlé de lui qu'avec tendresse, avec respect. Recevant l'argent des riches, refusant celui des pauvres, et souvent leur donnant du sien, il ne retirait qu'un bien faible bénéfice de son état; pour y suppléer, ma mère faisait un petit commerce de toiles et de mercerie. Malgré l'habitude presque générale des marchands de cette époque, elle était connue pour ne jamais surfaire; et en traitant avec elle, ses pratiques ne lui faisaient jamais l'injure de marchander. J'étais fils unique. Ma mère, que j'ai eu le bonheur de conserver jusqu'au moment où j'écris, a toujours été douce, aimante, pieuse et sensée. A peine eus-je assez d'intelligence pour comprendre ses paroles, qu'elle me fit un devoir de ne jamais me lever sans adresser ma prière à Dieu, de ne jamais m'endormir sans avoir fait mon examen de conscience. Dans aucune circonstance de ma vie, je n'ai oublié cette première leçon de ma mère, et aujourd'hui même je me trouve heureux de la pratiquer avec une exactitude religieuse.

J'avais dix ans lorsque je perdis mon père. Ma mère eut le bonheur d'obtenir pour moi une bourse au collége de Louis-le-Grand. Elle ne connaissait personne à Paris : elle résolut de m'y conduire elle-même. Nous nous embarquâmes sur le coche d'eau dans la nuit du 29 septembre 1768.

Au point du jour, tout joyeux de voir du pays, j'étais sur le tillac examinant avec un plaisir enfantin les rives délicieuses de la Seine qui fuyaient devant moi, lorsqu'après avoir passé le pont de Melun, j'aperçus un petit batelet qui se dirigeait vers nous. Dans ce batelet, une femme qui me parut être une servante, donnait la main droite à un jeune garçon de mon âge, et portait sur son bras gauche une petite fille de quatre ou cinq ans : le jeune garçon était en deuil comme moi. Le batelet aborda le coche : la servante, tenant toujours les deux enfans, dit au commis chargé de veiller sur les effets et sur les voyageurs, qu'elle venait de la part de sa maîtresse, madame Désodry, riche propriétaire à Melun, lui confier son fils qui allait au collége à Paris; en même temps elle lui remit une lettre pour un oncle du jeune garçon, M. Lecoq, marchand de draps, rue Saint-Paul : c'était chez cet oncle que le commis devait faire conduire le fils de madame Désodry. Après que la servante eut donné ces instructions au commis, elle se pencha vers le jeune garçon et l'embrassa de bonne amitié. Aussitôt la petite fille tendit ses deux petits bras, et dit en pleurant : « Adieu,

» mon frère ; adieu, Gabriel. » — « Adieu, » Pauline, adieu, ma sœur, dit à son » tour le jeune garçon en essayant de » retenir ses larmes ; embrasse maman » pour moi. » La servante et la petite fille étaient déjà dans le batelet, et Désodry et sa sœur répétaient encore : « Adieu, mon frère... adieu, ma sœur. » Quand il leur fut impossible de s'entendre, la petite fille, toujours dans les bras de sa bonne, envoya de la main des baisers à son frère, et, tant qu'ils purent se voir, le frère et la sœur continuèrent de s'envoyer réciproquement des signes d'amitié. Tout enfant que j'étais, je me sentis ému, et je trouvais Désodry bien heureux d'avoir une sœur.

Par suite de cet instinct qui nous attire vers les personnes de notre âge, et qui se prononce surtout chez les enfans, je considérais mon nouveau compagnon de voyage avec le désir de lui parler. Il m'examinait avec la même attention : retenus par la timidité, nous gardions le silence. Je ne sais comment la conversation commença entre nous; mais enfin j'appris qu'il avait deux mois de moins que moi, qu'il était comme moi en deuil de son père, et qu'il allait comme moi entrer en sixième au collége de Louis-le-Grand. Cette conformité d'âge, de situation, redoubla l'intérêt que je me sentais déjà pour Désodry : il me sembla voir qu'il prenait autant de plaisir à mes confidences que j'en prenais aux siennes. Ma mère, assise près de nous sur les ballots de marchandises qui encombraient le coche, nous regardait en souriant; elle se félicitait que j'eusse trouvé un camarade, et elle partageait ses caresses entre moi et Désodry qui les recevait avec reconnaissance. Pendant tout le reste du voyage, Désodry et moi, nous ne nous quittâmes pas; nous jouâmes, nous causâmes ensemble, et, lorsque le coche arriva au port Saint-Paul, je pouvais déjà me flatter d'avoir un ami.

Ma mère proposa au commis de conduire elle-même le jeune Désodry chez son oncle; il y consentit volontiers, et nous nous acheminâmes vers la maison de M. Lecoq.

C'était un dimanche : il était une heure après-midi. Les rues étaient remplies d'hommes et de femmes en habits de parure; les uns allaient se divertir, les autres allaient à l'église ou en revenaient. Tout à coup Désodry quitte brusquement la main de ma mère, et courant se jeter dans les bras d'un petit homme assez gros et d'une figure joviale, qu'il avait aperçu assis dans un fauteuil à la porte d'une boutique entr'ouverte, il s'écrie : « Voilà » mon oncle! »

M. Lecoq, étonné de l'action de cet

enfant, le regarde, le reconnaît, l'embrasse, appelle sa femme, qui accourt de l'arrière-boutique, et presse son neveu dans ses bras. Ma mère remet à M. Lecoq la lettre de madame Désodry; on nous comble de politesses; on nous invite à entrer dans la salle. Pendant quelques minutes on ne s'entendit pas, tant la joie de voir leur neveu enchantait ces bonnes gens. « Marthe, Marthe, s'écrie madame » Lecoq, avertissez ma soeur Véronique » que notre neveu est arrivé. » Mademoiselle Véronique Lecoq était une autre tante de Désòdry, qui, n'ayant pas trouvé à se marier, s'était logée dans la maison de son frère. La servante revint bientôt nous apprendre que mademoiselle Véronique était encore à l'office.

Ma mère put enfin raconter comment nous nous étions rencontrés et pris d'amitié sur le coche. Désodry, avec l'ardeur et l'ingénuité de l'enfance, expri-

ma combien il était sensible aux attentions que ma mère avait eues pour lui pendant le voyage. Aussitôt monsieur et madame Lecoq se confondirent en remercîmens, et me firent presque autant de caresses qu'à leur neveu. Leur joie redoubla quand ils apprirent que nous allions être camarades au même collége. « Vraiment, dit M. Lecoq, j'é-
» tais en colère contre ma sœur d'avoir
» ainsi abandonné son fils sur un coche,
» comme un ballot de marchandises;
» maintenant je serais tenté de l'en re-
» mercier, puisqu'il y a trouvé de si bons
» soins et un ami. » — « C'est d'un heu-
» reux augure, dit madame Lecoq, et je
» mettrais ma main au feu que voilà une
» amitié qui durera long-temps. » Madame Lecoq, ainsi que je l'ai reconnu depuis, avait l'habitude de dire qu'elle mettrait sa main au feu que tout s'était passé ou se passerait selon ses conjectures; et comme c'était presque tou-

jours en témoignage de la vertu des femmes ou de la probité des hommes, qu'elle se disait prête à mettre sa main au feu, jugez à combien de dangers elle avait eu déjà l'imprudence de s'exposer.

Monsieur et madame Lecoq nous pressèrent de dîner avec eux ; ils mirent tant d'instance et de franchise dans leur invitation, que ma mère crut devoir accepter. Quel bonheur pour moi et pour Désodry ! A l'âge que nous avions, tout est jouissance et vive jouissance. Ma mère demanda la permission de s'absenter pour chercher un logement. Je vis l'instant où monsieur et madame Lecoq allaient nous proposer de loger chez eux ; déjà ils se consultaient des yeux ; mais ma mère s'empressa discrètement de les saluer, et nous allâmes retenir une chambre dans un hôtel garni du voisinage.

Monsieur et madame Lecoq, n'ayant point d'enfans de leur mariage, avaient conçu une vive tendresse pour les enfans de madame Désodry. Ils étaient déjà fort à leur aise, et ils cherchaient encore à grossir leur fortune, en songeant avec délices que toute cette fortune devait retourner un jour à leur neveu et à leur nièce. Désodry et sa sœur étaient aussi les héritiers de leur tante Véronique Lecoq : on voit que, sans compter le patrimoine de son père et celui de sa mère, Désodry avait de grandes espérances de fortune.

A notre retour chez M. Lecoq, nous trouvâmes, dans la salle qui faisait arrière-boutique, mademoiselle Véronique revenue de l'office. Sa longue taille, sa figure maigre, formaient un contraste parfait avec la taille petite et ramassée de sa belle-sœur. Son air grave, son ton austère et réservé, formaient un plus grand contraste encore avec la mine ouverte et riante de madame Lecoq, surtout avec les discours vifs, joyeux et bruyans de M. Lecoq, qui ne visait jamais à faire de l'esprit, mais qui, cherchant toujours à s'égayer et à égayer les autres, riait aux éclats de chaque parole qui lui échappait. Mademoiselle Véronique aimait beaucoup son neveu, elle le disait au moins; mais il me sembla voir dès ce premier moment, que sa tendresse pour lui ne se montrait pas avec la même expansion que celle de son frère et de sa belle-sœur. Pendant le dîner, M. Lecoq offrit à ma mère d'entrer en correspondance avec elle pour lui donner de mes nouvelles; madame Lecoq proposa que les jours de congé je vinsse dîner chez elle avec Désodry. Ma mère pleurait de joie à ces offres généreuses, faites avec une franche amitié; elle les accepta, et Désodry et moi nous en étions bien contens.

Vers la fin du repas, la servante annonça M. l'abbé Falcol. C'était un homme de trente ans, d'une figure douce et pâle; il salua la compagnie d'un air benin. A sa vue, la figure de mademoiselle Véronique se dérida; il semblait qu'elle avait réservé tous ses témoignages d'affection pour M. l'abbé. Elle le fit asseoir à côté d'elle; elle lui offrit quelques-unes des friandises que la bonne madame Lecoq avait cru devoir ajouter pour nous à son dessert. M. l'abbé Falcol, prêtre habitué de la paroisse Saint-Louis dans l'île, était le directeur de mademoiselle Véronique. Je crus voir que M. Lecoq n'avait pas pour M. l'abbé la même estime que sa soeur; et, pour la première fois, j'aperçus quelque signe d'humeur sur sa figure. M. l'abbé venait proposer à mademoiselle Véronique d'aller entendre un fameux prédicateur qui prêchait le jour même à Saint-Louis. M. Lecoq tira sa montre et dit à sa soeur qu'elle n'avaitpas de temps à perdre. « Quant à nous, » ajouta-t-il, nous allons tout simple- » ment à notre paroisse, à Saint-Paul. »

Après vêpres, M. Lecoq nous proposa de nous mener à la comédie. Ma mère le remercia; elle était fatiguée et désirait se retirer de bonne heure. Il n'insista pas. Ce bon M. Lecoq était un vrai bourgeois de ce temps-là, point dévot, point impie, demi-philosophe et marguillier. Tout fier d'être dans les charges de sa communauté, « Vous ver- » rez, disait-il, qu'ils finiront par me » faire échevin, » et il riait aux éclats. Grand admirateur de M. de Voltaire, « Il a de l'esprit comme un diable, » disait-il; mais comme il casse les » vitres! » et il riait encore plus fort.

Lorsque nous fûmes dans notre petite chambre garnie, ma mère me dit de remercier Dieu de m'avoir donné un ami; et elle-même elle le remerciait avec ferveur d'avoir rencontré une famille de bonnes gens qui veilleraient avec soin sur son cher enfant.

Deux jours après, au moment où elle monta sur le coche qui devait la reconduire à Montereau : « Mon fils, me dit- » elle, *aime Dieu de tout ton cœur,* » *de toute ton âme, de tout ton esprit.* » *Aime ton prochain comme toi-même.* » *Toute la loi et les prophètes sont dans* » *ces deux commandemens* (*). »

(*) Évang. selon saint Matth., chap. 22, vers. 37 et suivans.

CHAPITRE II.

La petite sœur de Désodry.

L'AMITIÉ qui s'était formée entre Désodry et moi acquit une nouvelle force au collége. Toutes les fois que Désodry allait chez son oncle, j'y allais avec lui; monsieur et madame Lecoq me témoignaient presque autant d'amitié qu'à leur neveu; et, pour que tout fût égal entre nous, mademoiselle Véronique ne m'épargnait pas plus qu'à son neveu les réprimandes et les sermons.

Désodry ne fut jamais jaloux de l'amitié que me témoignaient ses parens. Il faut bien l'avouer, ce fut moi qui, plus d'une fois, me montrai jaloux de l'amitié dont il s'enflamma pour d'autres camarades. Il ne pouvait recevoir les prévenances de quelqu'un sans y répondre avec transport; et bientôt, se laissant dominer par son ami nouveau, il semblait me négliger, et je m'en affligeais. Je me hâte de dire qu'à cette époque, un mot tendre de ma part suffisait pour ramener Désodry à ses premiers sentimens, et qu'alors il se livrait à son amitié pour moi avec une espèce d'enthousiasme.

A la fin de notre première année d'études, M. Lecoq, qui depuis longtemps n'avait vu sa sœur, résolut de se donner aussi des vacances. Il confia le soin de sa boutique à sa femme et monta sur le coche qui devait conduire Désodry jusqu'à Melun, et moi jusqu'à Montereau. Désodry se faisait une fête de me présenter à sa mère; mais j'étais trop pressé de voir la mienne pour vouloir m'arrêter un instant. J'étais impatient de la lenteur du coche; je trouvais qu'il marchait bien moins vite que l'année précédente. Je promis à Désodry de passer un jour tout entier chez sa mère, en venant le reprendre après les vacances.

Nous étions sur le tillac quand le coche approcha du pont de Melun. De très-loin, il me sembla reconnaître la servante qui avait amené Désodry au coche à notre premier voyage, et surtout la jolie petite fille qui l'accompagnait; sa bonne la tenait par la main. Ce fut moi qui les indiquai toutes deux à Désodry et à M. Lecoq. Aussitôt, nous vîmes la petite fille quitter le bras de sa bonne, et envoyer des baisers vers le tillac. Son oncle et son frère se mirent aussitôt à les lui rendre; moi, j'ôtai respectueusement mon chapeau, je la saluai, et la petite, sans cesser d'envoyer des baisers à ses parens, me rendait mes révérences. Le bon M. Lecoq riait et pleurait de tendresse; il descendit dans le batelet avec son neveu;

j'eus le plaisir de voir Désodry sauter hors du batelet, se jeter dans les bras de sa sœur..... A ce moment, le coche se trouva sous le pont, et je ne vis plus rien.

Quelques heures après, je distinguai, d'aussi loin que j'avais vu la sœur de Désodry, ma mère assise sur le bord de l'eau. A peine eut-elle aperçu le coche qu'elle se leva vivement, et il y eut de nouveau un échange de signes de tendresse du coche à la rive.

Avec quelle rapidité, près de ma bonne et tendre mère, s'écoula cet heureux temps des vacances! Fidèle à la promesse que j'avais faite à Désodry, je m'arrangeai pour rester un jour à Melun avant de retourner au collége. Désodry vint au-devant de moi avec sa sœur. Combien je fus touché! lorsqu'après avoir embrassé mon ami, je vis la petite Pauline me tendre les bras et m'embrasser en me disant : « Je vous

» aime bien, car je sais que vous aimez » mon frère. »

Au moment où nous entrâmes dans la maison, la mère de Désodry reposait, et on nous recommanda de ne point faire de bruit : madame avait eu la veille une migraine affreuse. M. Lecoq était encore chez sa sœur, et se fit un plaisir de se promener et de jouer avec nous dans un jardin qui me parut aussi grand qu'un parc. La maison, située dans un faubourg de la ville, avait quelque chose dans son architecture qui rappelait les antiques manoirs des gentilshommes ; M. Lecoq nous disait en éclatant de rire, que cette physionomie de vieux castel plaisait à sa sœur Désodry, et que parfois il la surprenait donnant le nom de château à sa maison.

Un moment avant le dîner, je vis enfin paraître la mère de mon ami. C'était une femme encore jeune et belle ;

je crois qu'elle aurait été fort pâle, si elle n'eût pris la précaution de mettre un peu de rouge. Elle ressemblait plus à sa sœur Véronique qu'à M. Lecoq; mais au lieu de la sévérité habituelle qu'on remarquait dans les traits de mademoiselle Véronique, on voyait dans ceux de madame Désodry de la douceur, de la langueur et comme un désir d'intéresser et de plaire. Elle me fit un accueil agréable, et se félicita de recevoir chez elle le bon ami de son fils. Madame Désodry était une tendre mère; mais il y avait de l'exaltation et du caprice dans sa tendresse pour ses enfans. Pendant le dîner, tour à tour elle les flatta, elle les gronda. La plus petite contrariété l'impatientait; puis, tout à coup elle se montrait d'une complaisance excessive. Je crus entendre M. Lecoq, dans un de ces momens si rares où il ne riait pas, murmurer les mots de vaporeuse et de capricieuse. Lorsque madame Désodry grondait son fils, je remarquais avec attendrissement que la petite Pauline s'empressait d'excuser ou de consoler son frère.

Après dîner, madame Désodry alla faire sa toilette; elle devait, suivant son usage, passer la soirée en société. J'ai su depuis que si madame Désodry, malgré ses goûts, restait en province, au lieu de s'établir à Paris, c'est qu'à Melun, elle tenait le haut rang, et ne fréquentait que des personnes de qualité. Ce jour-là, elle en voulut beaucoup à M. Lecoq de ce qu'il refusa de l'accompagner; mais ce brave homme, quoique fort complaisant pour sa sœur, déclara positivement qu'il s'était assez ennuyé dans les belles sociétés de Melun, que pour la dernière soirée des vacances, il était bien aise de s'amuser, et qu'en conséquence il resterait avec les enfans. Il nous fit jouer au loto, et à des petits jeux à donner des gages.

Marguerite, la bonne servante qui avait conduit Désodry au coche, jouait avec nous; c'était une fille alerte, robuste, laborieuse, fort gaie; elle était attachée à sa maîtresse, adorait les enfans, avait un amoureux et soutenait sa mère. Notre soirée fut charmante; la petite Pauline était d'une gaieté folle : M. Lecoq riait aux larmes du bavardage et de l'enjouement de sa nièce.

Le lendemain matin, il s'en fallait que mademoiselle Pauline fût aussi gaie; le moment du départ approchait : accompagnée de Marguerite, elle nous conduisit jusqu'au port. Au moment où j'allais entrer dans le batelet, elle m'embrassa et me dit en pleurant : « Aimez » toujours bien mon frère, et je vous » aimerai de tout mon cœur. »

CHAPITRE III.

Première communion. Dévotion d'écolier.

L'ÉPOQUE de notre première communion approchait. Je ne me crus pas obligé à plus de dévotion que je n'en avais eu jusque-là; mais, jusque-là, Désodry avait été fort peu soucieux en matière de religion; il en avait accompli les pratiques machinalement sans chercher à les comprendre. Aux pieuses leçons de notre maître de catéchisme, Désodry s'enflamma. Il adora, il aima Dieu avec passion. Dans les exercices, les retraites, les jeûnes qu'on nous prescrivait, il allait plus loin que ne l'ordonnait notre austère directeur. Tantôt j'admirais son zèle; tantôt je m'alarmais de ne pas sentir en moi ces élans de l'âme, ce désir de sanctifier toutes mes actions ; mais tous les soirs je me consolais, en pensant que je serais toujours assez pieux, si je suivais religieusement les leçons que je devais à ma mère.

Monsieur et madame Lecoq furent bien surpris du changement de Désodry. Jusque-là, il avait été vif, léger, turbulent ; il était devenu tranquille, recueilli, méditatif. M. Lecoq se garda de le railler ; seulement il ne pouvait retenir un sourire quand il voyait son neveu refuser de faire gras le samedi. Un jour je l'entendis tout bas dire à sa femme : « Ferveur d'écolier ! J'ai été » comme cela; patience, cela ne durera » pas. » Madame Lecoq était dans l'admiration des beaux principes de son neveu ; elle mettrait sa main au feu, disait-elle, que son cher Gabriel édifierait le monde. Seulement, elle lui recommandait de ne pas altérer sa santé par les jeûnes et la prière. Mais la personne vraiment enthousiasmée, ravie, c'était mademoiselle Véronique. Ce fut à cette époque qu'elle prit pour son neveu une véritable amitié. Elle était triomphante, radieuse de l'attention que Désodry prêtait à ses remontrances, des réponses sages, mesurées qu'il lui adressait. Comme il s'en fallait que je me montrasse aussi attentif à ses discours, elle prit une aussi mauvaise opinion de moi qu'elle en prit une bonne de son neveu. Elle ne m'avait jamais beaucoup aimé; je crois en vérité que la dévote fille en vint à me haïr, ou du moins à redouter pour Désodry le danger de me fréquenter. M. l'abbé Falcol, toujours directeur de mademoiselle Véronique, et récemment nommé maître de conférence dans l'un des séminaires du faubourg Saint-Jacques, vint rendre visite à mademoiselle Véronique pendant que nous étions chez M. Lecoq. Mademoiselle Véronique lui présenta son neveu avec ostentation, et le vanta comme un modèle de piété. Aussitôt monsieur l'abbé, fixant les yeux avec complaisance et d'un air doucereux sur Désodry, le félicita de marcher ainsi dans la voie du Seigneur. En retournant au collége, Désodry parlait avec grand éloge des lumières et du zèle de l'abbé Falcol. Un peu fatigué d'entendre les louanges de cet abbé, qui jamais ne m'avait plu, il m'échappa de dire que je le croyais un cafard. Si Désodry n'avait pas été aussi sincèrement dévot qu'il l'était alors, je crois qu'il m'aurait battu pour cette parole.

Une des préparations les plus universellement adoptées pour les jeunes gens qui vont faire leur première communion, c'est une confession générale. Il est de tradition chez les écoliers d'écrire cet aveu de toutes leurs fautes. Je ne sais où Désodry avait été chercher tous les péchés dont il avait rempli un énorme cahier. Pauvre jeune homme! de quoi pouvait-il être coupable? L'aspect de ce gros cahier ne devait-il pas, selon lui, faire présumer, non la quantité de ses péchés, mais le soin avec lequel il s'était examiné, et n'y avait-il pas là un peu de vanité?

Le grand jour arriva. Les parens de Désodry étaient bien plus riches que ma mère. Jamais, jusqu'à ce moment, il ne s'était targué de sa fortune auprès de moi. Le jour de notre première communion, Désodry avait un habit de soie tout neuf, des bas de soie blancs, les cheveux noués avec un ruban blanc, des gants blancs; il avait l'air d'un petit berger d'opéra. Il vint à moi d'un air contrit et dévot; mais il me sembla qu'il jetait un œil de dédain sur ma parure fort propre, mais fort simple : n'y avait-il pas encore là quelque vanité?

Désodry avait la voix forte et sonore.

On l'avait choisi pour prononcer le renouvellement des vœux du baptême ; il s'en acquitta d'une manière très-satisfaisante ; et après qu'il eut parlé, un murmure d'approbation s'éleva parmi les assistans. Ce murmure vint jusqu'à son oreille, et je lus dans ses yeux qu'il y était fort sensible. N'était-ce pas encore un mouvement de vanité ?

Je ne sais s'il reconnut soudain tous les petits péchés qu'il venait de commettre, ou s'il y eut quelque affectation de sa part, ce qui aurait été un bien plus gros péché ; mais un moment avant la consécration, on le vit traverser le chœur de l'église, aller à la sacristie, y appeler son confesseur, comme pour lui révéler une faute qu'il avait oubliée.

Après l'office, Désodry et moi, nous nous promenâmes long-temps dans une petite cour réservée aux élèves qui avaient fait leur première communion.

J'étais touché, émerveillé de son amour de Dieu; il était tout âme, il ne pensait qu'à l'éternité, il aurait voulu que Dieu l'appelât à lui dans l'état de grâce où il se trouvait.

S'il est rare qu'un jeune homme, ou plutôt un enfant, ne soit pas atteint d'un accès de dévotion au moment où on l'instruit pour sa première communion, il est presque aussi rare que cet accès soit de longue durée ; la légèreté du jeune âge, l'amour des plaisirs viennent bientôt le distraire et l'entraîner : il n'en fut pas de même de Désodry.

Lorsqu'un écolier prolonge ainsi son extrême dévotion, ses camarades ne manquent pas de le traiter de bigot. Désodry était sincère; j'en étais persuadé, et plus d'une fois je pris vivement sa défense contre ceux qui l'accusaient d'hypocrisie. Mais qu'il soit hypocrite ou sincère, l'écolier dévot devient un objet de raillerie pour ses camarades;

c'est ce qui ne manqua pas d'arriver au pauvre Désodry.

Tandis qu'il tirait vanité de sa vertu, d'autres tiraient vanité de leurs vices. Nous avions, comme dans le monde, des dévots et des hypocrites ; comme dans le monde, nous avions des fanfarons de mauvaise conduite et d'impiété. Parmi ces derniers, brillait par-dessus tous les autres un jeune homme nommé Villeneuve. Par légèreté, par orgueil, il se prétendait athée : il était déjà fort libertin ; mais comment aurait-il pu être athée ? Il ne songeait point à Dieu, il ne s'occupait que de ses plaisirs ; dans son impiété, son plus grand tort était de se dire encore plus mauvais sujet qu'il ne l'était réellement. Villeneuve s'amusait à déconcerter et à faire rougir par ses discours licencieux les écoliers timorés. C'était une gloire pour lui de faire rire tous les autres à leurs dépens ; et tous les autres, qui reconnaissaient Villeneuve pour leur chef, se faisaient un point d'honneur de l'imiter.

Je dois l'avouer; malgré toute l'envie que j'avais d'être agréable à Désodry, quelquefois je me joignis aux railleurs, tant il me paraissait ridicule. Quant à lui, il supportait les railleries, les épigrammes, les tours qu'on lui jouait, non pas en héros, mais en martyr, avec douceur, avec résignation, je dirai presque avec plaisir; il faisait hommage de ses souffrances à Dieu; je crois qu'il aurait désiré que les espiègleries de ses camarades fussent poussées plus loin, s'il n'avait cru voir que ces malheureux commettaient des péchés dignes de damnation; car il était bon, et l'amour de Dieu n'avait pas étouffé en lui l'amour du prochain.

J'en eus bientôt la preuve; il voulut me convertir; il n'y parvint pas; je crûs toujours devoir me borner à pratiquer les préceptes religieux de ma mère; mais il mit dans ses efforts tant de bonne foi, tant d'amitié, il paraissait si effrayé de me voir suivre la voie de perdition, il aurait été si heureux de m'aider à faire mon salut, que je me sentis profondément touché. Dès ce moment, je résolus de ne plus me moquer de Désodry; je me servis de quelque ascendant que j'avais sur plusieurs de mes camarades pour imposer silence aux railleurs. Je cherchai et je parvins à leur faire comprendre que c'était un devoir pour nous de respecter les opinions de tous nos camarades. J'éprouvai dans cette occasion que c'est toujours dans les partis extrêmes que se trouvent les persécuteurs, et qu'il y en a parmi les impies, comme parmi les dévots. Villeneuve blâma la tolérance que je prêchais; heureusement il se trouva presque seul de son avis.

Madame Lecoq commençait à ne plus

admirer la dévotion de son neveu et même à s'en inquiéter. « Diable, di- » sait M. Lecoq ! cela ne m'a pas duré » si long-temps. » Que devinrent-ils quand il leur déclara que son intention était de prendre l'état ecclésiastique ?

« Toi, mon neveu, toi prêtre ! » s'écria M. Lecoq à qui la surprise avait d'abord ôté la voix; « je ne m'attendais » pas... je n'aurais jamais pensé... Laisse » courir cette carrière à ceux qui ont be- » soin d'un bénéfice pour vivre, ou aux » cadets de famille qui veulent devenir » prélats : mais toi, riche, et bien rotu- » rier... je n'en suis pas honteux; toi !.. » — « C'est ma vocation, mon cher oncle. » — « Ta vocation ! dis plutôt que c'est » cette bigote de Véronique et son sour- » nois de directeur qui te mettent ces » sottes idées dans la tête. » — « Mon oncle, » pouvez-vous parler aussi mal de votre » sœur et d'un vertueux personnage !... » c'est un grand péché. » — « Ah ! Gabriel,

» dit madame Lecoq les larmes aux yeux, » quel chagrin tu vas causer à ta mère! » La colère de son oncle avait irrité Désodry; il se sentit ému des paroles de sa tante. Il y eut un moment de silence. M. Lecoq, toujours persuadé que cette dévotion n'était qu'un accès passager, et craignant que la contradiction ne servît qu'à maintenir son neveu dans son projet, s'apaisa et changea de langage. « Allons, dit-il, j'ai tort. On ne » doit jamais s'opposer à la volonté du » ciel. Après tout, je ne serais pas fâché, » je serais même glorieux d'avoir un » saint dans ma famille; » puis, faisant un signe d'intelligence à sa femme, il ajouta : « Mais il me semble que nous » ne pouvons rien faire sans le consen- » tement de ta mère : écris-lui; et, si la » réponse est favorable, rien n'empêche » que tu ne te fasses tonsurer. »

La mère de Désodry était arrivée à cet âge où les goûts se balancent, se combattent, se succèdent. A son amour du monde et de la société, commençait à se mêler la fantaisie d'être dévote. Cependant elle fut alarmée, affligée du dessein de son fils : elle s'était toujours flattée que ce cher fils jouerait un grand rôle dans le monde, ferait un riche mariage. Désodry reçut d'elle une lettre touchante qui ébranla sa résolution. Nous étions enchantés ; mais le lendemain tout était changé : il avait revu sa tante Véronique, il avait revu M. l'abbé Falcol, il s'était consulté lui-même, il s'était passionné, enthousiasmé. Il écrivit de nouveau à sa mère : malheureusement cette seconde lettre arriva dans un moment où la dévotion l'emportait sur l'amour du monde dans l'âme de madame Désodry ; puis, elle était fatiguée de tous ces débats ; puis, tendre mère, il lui répugnait de contrarier son fils ; elle consentit à tout ce que voulait Désodry. Quel triomphe pour lui! quel dépit pour M. Lecoq! « Enfin, » dit tout bas ce brave homme à sa femme qui soupirait, et en soupirant lui-même, « rien n'est perdu; il n'est pas en» core prêtre. »

Désodry eut encore à s'accuser de vanité. Le premier jour où il vint chez son oncle après avoir reçu la tonsure, je le vis se regarder avec complaisance au miroir; il avait une soutane de drap fin, et un petit rabat bien plissé; ses cheveux en rond étaient coiffés et poudrés avec soin; une large ceinture de soie lui serrait la taille; il était encore plus content de son nouveau costume qu'il ne l'avait été de son bel habit neuf le jour de sa première communion. Le soir, il me dit que sa tante Véronique l'avait trouvé très-bien en soutane.

M. Lecoq s'était retiré du commerce; il avait avantageusement cédé son fonds, et il avait pris, rue des Tournelles, un joli appartement avec un jardin donnant sur le boulevard. Mademoiselle Véronique avait cessé d'habiter avec son frère; et, pour se rapprocher de son directeur, elle s'était logée dans le faubourg Saint-Jacques.

Peu à peu, Désodry vint moins souvent chez son oncle; il finit même par ne s'y plus montrer qu'un instant, et c'était toujours chez sa tante Véronique qu'il allait dîner. Lorsque j'exprimai à Désodry le chagrin que son oncle, et surtout sa tante, éprouvaient de ne le plus voir, il me répondit qu'il craignait de se pervertir en écoutant les propos licencieux de son oncle. En revanche, comme il me vanta les journées aussi délicieuses qu'édifiantes qu'il passait chez sa tante Véronique! L'abbé Falcol ne manquait jamais d'y venir les jours où Désodry s'y trouvait. Un dîner sensuel les attendait: des mets délicats, apprêtés avec soin, des sucreries, du café exquis, des liqueurs de ménage faites tout exprès pour des estomacs dévots, telle était la nourriture du corps. Celle de l'âme était encore plus précieuse : on s'encourageait, on se prêchait mutuellement, on s'admirait soi-même, et l'on médisait de son prochain. Après dîner, la tante allait continuer ses charitables médisances avec de saintes filles du voisinage ; l'abbé Falcol et Désodry allaient faire un tour au Luxembourg ou au jardin des Chartreux. L'abbé rentrait au séminaire ; Désodry rentrait au collége plus affermi que jamais dans sa dévotion.

Avec quel zèle, les dimanches, à la grand'messe, Désodry remplissait toutes les fonctions des jeunes clercs ! Quelle gloire pour lui de figurer les jours de fêtes dans la pompe des cérémonies religieuses ! Il aimait surtout à faire l'office de thuriféraire : il était fier quand on avait remarqué l'adresse avec laquelle il élevait et laissait retomber l'encensoir. A la Fête-Dieu, quel bonheur! il obtint de M. le principal la permission de paraître à la grande procession de la paroisse Saint-Étienne-du-Mont. Vêtu d'une aube blanche, tenant une corbeille à la main, il jetait des feuilles de roses devant les reposoirs, et en parsemait les rues déjà couvertes de feuilles et de fleurs. Huit jours après, il fut bien plus heureux : le maître des cérémonies était indisposé ; on fit choix de Désodry pour le remplacer, et ce fut à son signal, lorsqu'il frappait gravement sur son livre, que l'encens et les fleurs se lançaient dans les airs.

Nos études étaient sur le point d'être terminées ; M. Lecoq attendait toujours le moment où l'accès de dévotion s'apaiserait ; ce moment n'arrivait pas. Désodry, après avoir reçu les ordres mineurs, annonça son dessein de faire sa théologie. « Comment! c'est donc

» tout de bon ? lui dit M. Lecoq ; tu » persistes ! » Alors, ne se contraignant plus, il exprima toute sa façon de penser à son neveu. « Oh ! les sottes fem- » mes que mes deux sœurs, ta tante et » ta mère ! l'une te pousse, l'autre ne » te retient pas. » A cette sortie de son oncle, aux instances de madame Lecoq, Désodry opposa l'obstination la plus ferme ; puis, s'animant d'une pieuse ferveur, il entreprit de prêcher ses parens. « Qu'est-ce ? dit M. Lecoq, vou- » drais-tu me convertir ? ni toi, ni Vé- » ronique, ni son abbé Falcol, vous n'y » parviendrez. Voilà trente ans que je » me damne en honnête homme, et je » continuerai de me damner de même » jusqu'à la fin de mes jours. » Toutefois Désodry mêlait à ses exhortations une tendresse égale à celle qu'il m'avait témoignée lorsqu'il avait aussi essayé de me convertir. « Au fait, lui dit son oncle » attendri, je ne saurais t'en vouloir de

» songer à mon salut. Sois théologien, » sois prêtre, puisque tu le veux; mais » c'est bien malgré moi. »

Par les conseils de sa tante Véronique, Désodry entra au séminaire de l'abbé Falcol. A la même époque, je pris une petite chambre garnie rue des Noyers; et, me destinant à l'état de mon père, je commençai à suivre les cours de l'école de médecine de Paris.

CHAPITRE IV.

Le médecin philosophe.

Tous les professeurs de l'école de médecine étaient des hommes d'honneur et de mérite ; mais, parmi eux, les jeunes élèves distinguaient et chérissaient surtout un vieillard vénérable, le docteur Thierry. Renommé en France et dans l'Europe pour l'étendue et la variété de ses connaissances, professeur et praticien habile, médecin en chef d'un des principaux hospices de la capitale, à l'âge de soixante-huit ans, il continuait ses travaux et ses études avec le zèle et l'activité d'un jeune homme. La science lui devait de grands progrès ; et, souriant lui-même des épigrammes que les poëtes et les écrivains de tous les temps se sont permises contre la médecine et les médecins, il croyait à l'utilité, non à la toute-puissance de son art. Il était veuf; quelque temps après la mort d'une épouse chérie, il avait eu la douleur de voir périr deux enfans, douce espérance de ses vieux jours. Ces pertes cruelles avaient brisé son cœur; une philosophie noble, éclairée, ferme, et qui n'était pas sans piété, avait ranimé son courage. Il avait pensé qu'il pouvait encore être utile aux hommes; et ceux qui surtout lui faisaient aimer la vie, c'étaient les pauvres de son quartier qu'il s'empressait de secourir, c'étaient les malades de son hospice, dont il allégeait les souffrances, c'étaient les nombreux élèves qu'il se plaisait à instruire. Avec quel tendre souvenir je me rappelle la clarté, l'éloquence de ses leçons, mais surtout sa bonté, sa douceur, la pureté de son âme! Dans les discussions les plus arides, on reconnaissait en lui un sincère et constant ami de l'humanité. Depuis, j'ai rencontré dans le monde plusieurs des nombreux élèves qui ont suivi ses cours en même temps que moi ; il n'en est pas un seul qui ne m'ait parlé du docteur Thierry avec un respect filial.

Le jour même où, pour la première fois, j'assistai à ses leçons, au moment où il entendit mon nom, il interrompit l'appel et me demanda si j'étais parent d'un M. Michel Aubin qui avait pris ses degrés à l'école de Montpellier, et qui depuis avait dû exercer la médecine en province. « C'était mon père, lui » répondis-je. » — « Jeune homme, re- » prit-il, j'ai été le camarade, l'ami de » votre père. » Quand je lui appris que mon père n'existait plus, je vis des larmes rouler dans les yeux du vieillard. Après la leçon, il m'appela, et avec le plus touchant intérêt, il me demanda des détails sur ma famille, sur ma situation. Je le voyais fort ému, me regarder, chercher sur ma figure quelques traits de mon père, et se féliciter d'en trouver quelques-uns. « Pauvre Aubin! s'écria-t-il, » comme on se sépare! et pour ne plus » se revoir! J'ai perdu mes enfans; ton » fils t'a perdu; c'est un devoir, c'est un » bonheur pour moi de le guider dans » ses études et dans le monde! Mon cher » enfant, continua-t-il, si la société d'un » vieillard ne vous paraît pas désagréa- » ble, faites-moi l'amitié de venir me » voir souvent. Tous les dimanches je » réunis quelques amis; voulez-vous être » des nôtres? vous vous plairez peut- » être avec nous : essayez. » J'étais vivement attendri; je ne pouvais parler. « Voilà qui est convenu », ajouta-t-il en m'embrassant; « à dimanche prochain. » Écrivez à votre mère que vous avez » trouvé un ami de votre père dans un » de vos professeurs. »

Il y avait chez le docteur Thierry de l'aisance et de l'ordre. L'appartement était vaste, antique; presque toutes les chambres étaient remplies de livres rangés avec soin. Ses domestiques lui paraissaient fort attachés; on voyait qu'ils avaient vieilli avec le maître : il y avait une vieille femme de charge, un vieux laquais, et le vieux cocher de la demi-fortune qui les dimanches servait à table. Sa société se composait de quelques-uns de ses confrères et d'étudians que tour à tour il voulait bien recevoir. Parmi ses confrères, la plupart avaient été ses élèves; quelques-uns avaient été ses camarades; parmi ces derniers, j'eus le bonheur de trouver d'autres amis de mon père.

Le premier jour que j'allai chez le docteur, je fus bien surpris. Entouré de médecins, je m'attendais que je n'allais entendre parler que de l'art de guérir; la science de la morale, sans laquelle, suivant le docteur, toutes les autres sciences n'étaient rien, et qu'il appelait l'art de vivre heureusement, fut le perpétuel sujet de l'entretien qui cependant n'était ni trop grave, ni ennuyeux. C'était le docteur Thierry qui tenait presque toujours la parole ; il cherchait à nous démontrer l'avantage, l'utilité d'avoir des principes de morale bien arrêtés ; et comme il savait tempérer son éloquence par un ton familier, comme il entremêlait tous ses discours d'un naïf et ingénieux badinage, comme il s'attachait surtout à rendre la vertu aimable et attrayante, on aimait à l'entendre, et on se gardait de l'interrompre. « Mon cher enfant, me dit-il, ne » vous étonnez pas si, même le dimanche, » je me permets encore de donner des » leçons. Il faut passer quelques faibles- » ses aux vieillards ; j'ai celle de vouloir » toujours professer. Seulement, les le- » çons que je donne ici, et celles que je » donne à la faculté, ne roulent point sur » le même objet. Toute la semaine, dans

» ma chaire, je fais un cours de méde-
» cine; le dimanche, dans mon salon, je
» fais un cours de morale; je suis vieux,
» j'ai vécu, je cherche à être utile à ceux
» qui ont à vivre. Je ne prétends pas être
» un savant moraliste; mais j'ai de bon-
» nes intentions, et je parle selon mon
» cœur. Qui sait? mes leçons valent peut-
» être tel sermon prononcé à la même
» heure dans telle paroisse de Paris. »

Le printemps vint, et le docteur Thierry transporta ses dîners du dimanche et ses leçons de morale à sa maison de campagne de Fontenay-aux-Roses, où il allait tous les samedis, et dont il revenait tous les lundis pour son cours de l'école de médecine. C'étaient les mêmes convives qui se réunissaient à sa table; il y avait de plus le curé de Fontenay, vieillard encore plus âgé que M. Thierry, et dont l'orthodoxie s'accordait fort bien avec la philosophie du docteur, et un jeune chirurgien établi à Sceaux, qui desservait les malades de tous les environs. Je fus encore bien surpris la première fois que j'arrivai à Fontenay : je n'avais vu le docteur à Paris que chez lui et dans sa classe. Dans sa classe, il avait la grande perruque de médecin poudrée à blanc, la robe fourrée d'hermine ; chez lui, il avait toujours la grande perruque, les manchettes de dentelle tombant sur ses mains, l'habit noir de velours ou de satin, et, quand il sortait, la canne à bec-de-corbin. Je lui trouvai l'air bien plus vénérable lorsque je le vis dans son jardin, sans perruque, le front chauve et garni seulement de quelques cheveux blancs, le cou découvert, un habit de drap gris, et une bêche de jardinier à la main. « Il y a des usages, me dit-il, » auxquels il faut se soumettre même » quand ils sont gênans et ridicules; » mais je leur échappe aussitôt que je le » peux. » En parlant ainsi, il greffait une rose sur un églantier : à Paris, il avait la manie des livres ; à la campagne, il avait la manie des fleurs.

C'était dans les bosquets de son jardin que le docteur continuait ses leçons. Un jour plusieurs élèves étaient réunis autour de lui : « Mes enfans, nous dit-il, » l'homme reçoit en naissant le plus beau » don qui puisse être fait à une créature ; » c'est la faculté de choisir comment il » agira. Ne nous plaignons pas de rece- » voir en même temps des désirs, des pas- » sions qui peuvent nous entraîner vers » le mal ; où serait le mérite de la vertu » si nous n'avions la possibilité du vice ? » Notre but doit être d'échapper au vice » et d'atteindre la vertu ; pour parve- » nir à ce but, nous devons nous faire » une doctrine qui règle notre con- » duite ; pour obtenir cette doctrine » il faut connaître les divers mobiles » de nos actions : nous les connaîtrons, » ces divers mobiles, en descendant dans

» notre cœur, et en nous comparant aux
» êtres qui nous entourent. L'enfant qui
» vient de naître cherche et saisit le sein
» qui doit le nourrir; animé déjà de l'a-
» mour de soi-même, il s'occupe avide-
» ment de son bien-être. Bientôt la recon-
» naissance pour la mère qui le nourrit,
» la joie qu'il éprouve à l'aspect de son
» frère ou d'un enfant de son âge, nous le
» montrent animé de l'amour de ses sem-
» blables; il a de la pitié pour celui qu'il
» voit souffrir, il rit et il joue avec celui
» qui le caresse. A peine sa raison com-
» mence-t-elle à se développer, qu'ad-
» mirant l'ordre et la beauté de la nature,
» il conçoit l'idée d'un créateur; il aime
» et il adore Dieu. Ainsi l'amour de soi-
» même, l'amour de ses semblales, l'a-
» mour de Dieu, voilà les trois sentimens
» naturels qui dirigent nos actions. Heu-
» reux l'homme qui fonde son bonheur
» sur le bonheur d'autrui, et travaille à
» son bonheur et à celui des autres dans

» la vue d'être agréable à l'être juste, » bon et tout-puissant, créateur de tous » les êtres ! »

En nous parlant ainsi, le vieillard se promenait, s'arrêtait; l'expression de sa figure, ses gestes, son doigt, ses yeux tournés vers le ciel, lui donnaient l'air d'un homme inspiré. Dans mon illusion, tantôt je croyais entendre un prophète; tantôt je me croyais transporté sous les portiques d'Athènes, et prêtant l'oreille aux leçons d'un des sages de la Grèce.

« Mais, ajouta-t-il, quel danger pour » la vertu, si l'un de ces mobiles règne » exclusivement dans notre cœur ! » L'homme qui voudra n'agir que pour » son propre bonheur tombera bientôt » dans un déplorable égoïsme. Celui qui » ne voudra que le bien de ses semblables » ne le voudra peut-être pas toujours par » les moyens les plus justes; il aura bientôt des préférences, et de ses préférences naîtront des inimitiés. Celui qui,

» sans vouloir songer à lui-même et sans » songer à ses semblables, ne voudra » prendre pour guide que l'amour de » Dieu, peut ne pas tarder à se livrer à » de vaines et mystiques rêveries qui » bientôt le pousseront à l'intolérance et » au fanatisme. »

Cependant la nuit approchait, et le temps semblait anoncer un orage. Nous quittâmes le jardin; nous rentrâmes au salon. Sans s'occuper du temps, à la lueur des éclairs qui, brillant à travers les fenêtres, faisaient pâlir les lumières de l'appartement, au bruit du tonnerre et d'une pluie abondante qui frappait contre les vitres, le docteur continuait ses touchans discours : « Nous n'aurons » acquis que le commencement de la » science, disait-il, quand nous connaî- » trons quels mobiles président à nos ac- » tions. Qu'importe que nous ayons adop- » té telle ou telle doctrine de morale, » si nous n'avons le courage et la force » de la pratiquer? O mes chers enfans,

» c'est ici qu'il faut s'humilier devant la » sagesse du livre divin. Quelle que soit » votre doctrine, vous serez vertueux si » vous pratiquez les deux grands pré- » ceptes de l'Évangile : *Diliges Dominum* » *tuum...Diliges proximum tuum sicut te* » *ipsum..* * » C'étaient les deux préceptes que ma mère m'avait repétés si souvent : que j'étais heureux de reconnaître un si parfait rapport entre la philosophie du docteur et la piété de ma mère!

Tout à coup, on frappe à la porte de la rue. La femme de charge du docteur était indisposée ; son laquais était resté à Paris ; son vieux cocher, qui n'était pas habitué à boire, avait eu le malheur de s'enivrer ce jour-là : il fallut que nous allassions nous-mêmes ouvrir la porte. Un exprès arrivait de Paris ; il venait supplier M. le docteur de partir en toute hâte pour donner ses soins à

* Evang. secund. Math., cap. 22, vers. 37.

un pauvre homme, père de six enfans, qui habitait le troisième étage de sa maison : le matin, il avait été saisi d'une grosse fièvre ; il était en danger, et demandait à grands cris M. le docteur, en qui seul il avait confiance.

Il était dix heures du soir ; l'orage redoublait et devenait terrible. Nous représentâmes au docteur qui voulait partir, qu'à son âge, la nuit, par un temps affreux, il était imprudent de s'exposer... « Où serait le mérite du de-» voir, nous dit-il, s'il ne nous coûtait » quelque chose à remplir ? Je ne crois » pouvoir mieux terminer ma leçon » qu'en vous montrant, par mon exem-» ple, que l'homme de bien doit être » toujours prêt. »

N'osant pas lui répondre, nous allâmes, aidés du jardinier, préparer le cheval, l'atteler à la voiture. Je montai sur le siége avec un des jeunes élèves, et nous conduisîmes le docteur chez le pauvre malade.

CHAPITRE V.

Le séminaire.

Le docteur Thierry, dont les leçons et l'amitié m'étaient si utiles et si agréables, n'était pas la seule personne avec laquelle je me fusse lié en sortant du collége. Dans mon petit hôtel garni de la rue des Noyers, logeaient en même temps que moi plusieurs jeunes gens de province, les uns étudians en droit, d'autres élèves en médecine, quelques autres se destinant aux arts, presque tous aimables, gais, spirituels, animés du désir de s'instruire et de se bien divertir : le matin nous fréquentions les écoles ; le soir les spectacles. Pendant nos repas bien modestes, mais toujours assaisonnés d'un grand appétit, nos entretiens étaient tantôt graves, tantôt bouffons, et quelquefois tournaient au sentiment. Monsieur et madame Lecoq me recevaient toujours avec plaisir; j'étais en correspondance avec ma mère. Quel heureux temps que celui de la jeunesse! grâce au ciel, j'en ai bien savouré les jouissances. J'ai commis quelques erreurs; elles ont été légères: l'âge mûr m'a conduit à d'autres plaisirs, et je suis sincère en disant que je ne regrette pas mon jeune âge; mais je ne peux penser, sans un doux souvenir, au bon emploi que j'en ai fait.

J'aurais bien voulu que Désodry fût aussi heureux que moi. J'allais lui rendre de fréquentes visites : le séjour du séminaire avait encore augmenté son zèle. Il s'était lié avec plusieurs de ses camarades; et son choix, dirigé par l'abbé Falcol, était tombé sur les plus dévots. Il me fit connaître ses nouveaux amis.

L'un, mystique, mélancolique, rêveur, passait sa vie, disait-il, à combattre les tentations, et n'était pas toujours assez heureux pour les vaincre : il jeûnait, il priait, et croyait avoir rempli ses devoirs les plus importans par l'accomplissement de mille pratiques minutieuses ; il se livrait à des extases, et il se flattait, quand il aurait surmonté tout-à-fait sa faiblesse, d'obtenir des révélations. Un autre, plein d'orgueil, se croyant déjà une des colonnes de l'église, en attendant qu'il pût officier, prêcher, donner les sacremens, effrayer les pécheurs et dominer les fidèles, amenait les disputes théologiques et les controverses dans toutes ses conversations, et il y déployait toute l'arrogance d'un docteur, toute la fougue d'un janséniste, toute la souplesse d'un jésuite. Un troisième, l'abbé Ledoux, objet de la prédilection de Désodry, était l'exemple du séminaire ;

jamais un reproche à lui faire, toujours des éloges à lui donner; il se confessait tous les samedis, il communiait tous les dimanches; il édifiait la maison par sa conduite, par ses discours, par un maintien toujours recueilli. Toutefois, il me sembla que l'abbé Ledoux aimait à me faire raconter la vie mondaine que je menais, les petites espiègleries que nous nous permettions dans nos joyeuses réunions. Il est vrai que c'était pour en gémir, pour m'adresser quelques pieuses remontrances, pour se féliciter d'être à l'abri des dangers de cette vie déréglée; mais, je ne sais pourquoi, je m'avisai de penser qu'en tenant ce langage austère, son cœur nourrissait des regrets, et qu'il était plutôt l'ennemi du scandale que du péché. Tels étaient les amis de Désodry. Ils me plaignaient; je les plaignais : suivant eux, la sagesse consistait dans les privations; suivant moi, elle consistait dans un usage raisonnable des plaisirs.

Cependant le supérieur du séminaire, M. l'abbé Omont, était un homme d'une piété aussi éminente que sincère, d'un caractère plein de douceur, de tolérance et de bonté. Les rigoristes de la Sorbonne et de l'archevêché, qui trouvaient que l'indulgence de l'abbé Omont allait jusqu'à la faiblesse, auraient craint que cette indulgence ne fût nuisible à la règle du séminaire, si elle n'eût été balancée par la sévérité du sous-directeur, M. l'abbé Danriot. Celui-ci était un homme de haute taille, dans la force de l'âge; son grand œil noir, surmonté d'un épais sourcil, son teint pâle, ses cheveux plats qu'il soignait peu, lui donnaient une physionomie tout-à-fait monacale; j'entends la physionomie d'un de ces moines qui sont capables de faire des révolutions dans l'église, et son caractère ne démentait pas ce que sa figure annonçait. Très-austère pour lui-même, il ne cessait de recommander l'austérité aux autres; il se livrait à la prédication, et il semblait ne monter en chaire que pour fulminer, au nom du ciel, contre les pécheurs. Tandis que le bon abbé Omont annonçait la miséricorde et la clémence divine, le terrible abbé Danriot tonnait contre les invasions du péché, contre les tentations de l'esprit malin; il jetait l'épouvante et presque le désespoir au cœur des hommes timorés. On voyait dans les discours de l'abbé Omont un Dieu rémunérateur, toujours prêt à récompenser et à pardonner; on voyait dans ceux de l'abbé Danriot un Dieu vengeur, toujours armé de la foudre, toujours prêt à punir. L'abbé Omont plaignait les pécheurs, l'abbé Danriot les proscrivait : et toutefois cet homme était sincère; il n'y avait d'hypocrisie ni dans ses discours, ni dans ses actions.

Si l'occasion s'en fût présentée, il se serait livré aux plus grands excès; il aurait prêché une croisade, renouvelé une Saint-Barthélemi, provoqué une seconde révocation de l'édit de Nantes; et l'intolérance était chez lui le résultat de la conviction! il était aveugle, et point fourbe; c'était un fougueux fanatique.

Malgré cette différence d'opinion, de caractère et de conduite entre les deux chefs, la bonne intelligence avait long-temps régné dans le séminaire. L'abbé Omont blâmait sans doute au fond du cœur l'esprit d'intolérance de l'abbé Danriot, mais il rendait justice à la sincérité de son zèle. L'abbé Danriot pouvait murmurer tout bas contre l'indulgence de son supérieur, mais il était obligé de reconnaître en lui une grande droiture d'intentions. La paix disparut dès que l'abbé Falcol eut été nommé maître de conférence.

L'abbé Omont, ce supérieur si indulgent pour toutes les erreurs de bonne foi, était sévère pour tout ce qui lui paraissait tenir à la fausseté. Les roulemens d'yeux, les discours emmiellés et cauteleux, les réticences et les cas de conscience mis en avant par l'abbé Falcol, ne tardèrent pas à le faire entrer en doute de la sincérité du nouveau maître de conférence, et dès-lors il fut sans confiance pour l'abbé Falcol. Celui-ci remarqua bientôt les préventions de l'abbé Omont ; et, comme il ne manque jamais d'arriver dans l'âme des méchans, elles excitèrent en lui une haine violente ; cette haine fut un nouvel aliment pour son ambition ; il vit qu'avec la disposition des esprits dans le séminaire, il pouvait y porter le trouble, perdre l'abbé Omont, et arriver à sa place. Exciter du trouble, perdre un ennemi, et s'avancer lui-même, triple jouissance pour l'âme dévote de ce saint personnage! Tels étaient les supérieurs de Désodry; telle était leur situation au moment où il était entré au séminaire.

Un jour, je me promenais dans la cour du séminaire avec Désodry et quelques-uns de ses camarades; nous vîmes s'arrêter à la grille un brillant équipage attelé de deux chevaux fringans qui avaient lestement gravi le faubourg. Un élégant abbé en descend : il a un habit court de taffetas noir, un petit manteau de même étoffe, un bas de soie dessine la finesse de sa jambe, des boucles à diamans serrent son pied dans un escarpin bien ciré, ses cheveux sont artistement séparés en deux ronds flottans qui se joignent à un toupet bien poudré, sa tonsure est cachée sous une calotte luisante; il est d'une petite taille, mais d'une charmante figure. Il entre, il se fait reconnaître; c'est M. l'abbé de Prévanne, sorti du séminaire l'année précédente, après avoir reçu les ordres, et qui vient faire visite à ses anciens camarades. Noble, très-noble, parent du prélat qui tenait la feuille des bénéfices, il était déjà pourvu d'une riche abbaye. C'était un véritable abbé de cour, un abbé coquet : les odeurs les plus suaves complétaient sa toilette. Avait-il du rouge ? je n'oserais l'assurer; mais il portait une petite mouche noire sous l'œil gauche. A l'air de contentement répandu sur sa physionomie, à la manière leste et familière avec laquelle il s'exprimait, il était facile de voir qu'il venait dans l'intention de faire parade de tous les avantages dont il jouissait dans le monde. Son bréviaire lui prenait peu de temps; mais il en donnait beaucoup à la société, aux dames, et aux spectacles, qu'il fréquentait avec une grande assiduité; je ne sais même si, en affectant d'y mettre de la discrétion, il ne nous parla pas de quelques bonnes fortunes avec des duchesses et des actrices. « Et vous, mes pauvres amis, disait-il » à ces jeunes gens, avez-vous toujours » des offices qui ne finissent pas? Vous » met-on souvent en retraite? Êtes-vous » toujours bien malheureux? » Puis, sans attendre qu'on lui répondît, il fredonnait de petits airs d'opéras-comiques. Quelques-uns des anciens camarades de l'abbé de Prévanne le considéraient, l'écoutaient avec une sorte d'envie; quelques autres fronçaient le sourcil, et semblaient très-mal édifiés des discours de l'abbé mondain. « Patience, leur » dit-il, votre tour viendra; c'est un » charmant état que le nôtre. Il y en a » peu parmi vous qui soient destinés, » comme moi, à devenir évêques; mais » il n'en est pas un seul qui ne puisse » prétendre à devenir chanoine ou curé, » avec une bonne prébende: comptez sur » moi, je vous servirai. Que je me trouve

» à la tête d'un diocèse, et c'est parmi vous » que je veux choisir tous mes grands vi- » caires. Mais, adieu; on m'attend pour » la répétition d'un proverbe délicieux » que nous devons jouer à la campagne » chez la charmante comtesse de Mont- » clair. Je me sauve; adieu, mes bons » amis. »

Au moment où le joli abbé remontait en voiture, son équipage fut accroché par un mauvais fiacre qui s'arrêtait à son tour à la grille du séminaire. Nous vîmes descendre du fiacre un huissier de l'officialité et un prêtre habitué d'une des paroisses de Paris. Il était accusé de quelque irrégularité dans ses mœurs; et ses supérieurs, par mesure de discipline, l'envoyaient passer trois mois de pénitence au séminaire. Sa contenance était modeste et résignée.

CHAPITRE VI.

Histoire d'un jeune prêtre.

Quel était le crime de ce pauvre prêtre? j'eus la curiosité de m'en informer. Les séminaristes se disaient entre eux mystérieusement, et en témoignant toute leur horreur pour la gravité du péché, qu'il avait été surpris en adultère par un mari jaloux : voici quelle était la vérité, que je parvins à savoir.

Charles Dubourg était né dans l'indigence. Son père était l'un des portiers du collége de La Flèche. Ce brave homme avait cru préparer le bonheur de son fils en obtenant que le jeune homme suivît les cours de la maison. Les études de son fils terminées, il n'avait rien trouvé de mieux que de l'envoyer à Paris pour être clerc chez un procureur. C'est en cette qualité que Charles était venu habiter chez maître Drufin, rue des Blancs-Manteaux.

Tous les matins, après déjeuner, tous les soirs, après dîner, les clercs de M. Drufin prenaient l'air sous la porte cochère, et inspectaient les passans. Charles remarqua une jeune fille qui traversait la rue régulièrement deux fois par jour, allant ou revenant de l'école, un panier à son bras. Il la trouvait fort jolie. A son tour la jeune fille remarqua l'attention de Charles à la considérer, et toutes les fois qu'elle passait devant lui, elle baissait les yeux et rougissait.

Il y avait alors au coin de la Vieille-Rue-du-Temple un café très-brillant; il était fréquenté par tous les gens de lettres du Marais, qui venaient y lire le Mercure et l'Année Littéraire, et par plusieurs gros bourgeois, qui employaient leur soirée à jouer aux dames ou au domino. Le premier et le second clercs de M. Drufin y allaient prendre leur demi-tasse de café. Un jour, par suite d'une gageure que Charles avait gagnée, ils l'emmenèrent avec eux. A peine était-il assis tout joyeux d'être régalé par son maître clerc, qu'il vit entrer la jolie petite fille revenant de l'école, son panier à son bras. C'était mademoiselle Justine, fille unique de madame Fleuriais, maîtresse du café. Dès qu'elle aperçut Charles, elle rougit selon son habitude; Charles, au contraire, pâlit excessivement. Tous les garçons étant occupés, ce fut mademoiselle Justine qui, à la demande du premier clerc, vint poser sur la table de ces messieurs une corbeille de biscuits et de macarons. Les yeux de Charles et ceux de la jeune fille se rencontrèrent et se baissèrent presqu'en même temps. Depuis ce jour, toutes les fois que mademoiselle Justine passait devant la porte de M. Drufin, Charles la saluait respectueusement, et mademoiselle Justine, en baissant les yeux, répondait par une révérence.

Un dimanche, Charles se promenait au jardin de l'hôtel Soubise, alors ouvert au public, et rendez-vous de toutes les bonnes et de tous les enfans du quartier. Charles marchait rêveur, sans faire attention aux nombreux enfans dont le jardin était rempli. Soudain, il aperçoit Justine à la tête d'une troupe de petites filles : c'est elle qui est la plus grande et la plus jolie; le teint animé, pleine d'ardeur, c'est elle qui préside aux jeux enfantins. Il s'arrête, il la considère; elle ne le voit pas, elle continue de se livrer au jeu; mais enfin ses yeux tombent sur lui : elle s'arrête à son tour, rougit, quitte le jeu en se disant fatiguée, et va rejoindre la servante de sa mère qui était assise sur un banc.

Le dimanche suivant, Charles crut pouvoir se permettre la dépense d'un billet de parterre au spectacle des grands danseurs du roi dirigé par le sieur Nicolet. A peine entré, il jette les yeux sur les loges ; la première personne qu'il distingue, c'est mademoiselle Justine à côté de sa mère. A la fin du speccle, il se trouva sur le passage des deux dames; elles étaient fort en peine, une pluie abondante avait rendu la terre humide et glissante. Avec beaucoup de respect, il leur offrit de les aider à traverser le boulevard ; la fille rougit, la mère accepta. Donnant le bras droit à la mère, le bras gauche à la fille, il eut le bonheur de les reconduire jusqu'à leur porte.

Quelque temps après, un de ses camarades se maria ; Charles fut invité à la noce. Il se trouva que la mariée était cousine de madame Fleuriais, et mademoiselle Justine était au bal. « Eh

» grand Dieu! se dit le bon jeune homme, » que signifie ceci? Par quelle suite de » coups du sort m'arrive-t-il de rencon- » trer partout cette aimable fille? » Il dansa plusieurs contredanses avec elle; il fit beaucoup de politesses à la mère. Il était fort embarrassé près de la fille; elle était fort embarrassée près de lui. Pour déguiser son embarras, il essaya d'être aimable et spirituel en lui parlant de choses fort indifférentes, et il était heureux de la voir sourire des plaisanteries bonnes ou mauvaises qu'il se permettait sur plusieurs personnages ridicules de la noce.

Cependant, mademoiselle Justine était prodigieusement grandie, et n'allait plus à l'école. Heureusement, Charles était monté en grade, il était devenu second clerc; il pouvait fréquenter plus assidûment le café de la Vieille rue du Temple, et cela le consolait de ne plus voir passer mademoiselle Justine devant la porte cochère. Tous les jours, elle travaillait près de sa mère dans le comptoir; Charles causait avec la mère, avec la fille. De plus en plus, il se prenait d'admiration pour les charmes, la décence, l'esprit et les bons sentimens de mademoiselle Justine; de plus en plus, la mère et la fille goûtaient la conversation du jeune homme. Quelquefois, il s'alarmait, il se reprochait de s'attacher trop sérieusement à mademoiselle Fleuriais, fille unique, riche, et faite pour prétendre à un plus haut parti; car il était modeste et timide. Son père n'avait pas le moyen de payer ses inscriptions de droit; il ne voyait en perspective pour lui qu'une petite place dans un greffe ou une étude d'huissier. Ses assiduités, qu'il se reprochait, inquiétaient un autre personnage.

Madame Fleuriais n'avait plus de mari, mais elle avait un premier garçon, M. Constantin. Tant que M. Fleuriais avait vécu, Constantin avait été soumis, affectueux, zélé; depuis que madame Fleuriais était veuve, Constantin était devenu impérieux, impertinent, brutal; il prenait avec les autres garçons et les habitués, des airs de maître de maison, des airs de mari avec la veuve, des airs paternels avec mademoiselle Justine. Pendant quelques jours, les entretiens de Charles avec les dames du comptoir lui donnèrent de l'humeur; cette humeur cessa quand il crut avoir reconnu que Charles s'occupait beaucoup plus de la fille que de la mère; mais elle revint, et avec plus de violence encore, quand il eut découvert, par suite de ses informations, la situation de Charles. Prenant à cœur la gloire de la famille Fleuriais, il lui semblait que la fille d'un limonadier de Paris ferait une mésalliance si elle épousait le fils d'un pauvre portier de collége. Il fut froid et incivil avec Charles;

il exigea que la mère et la fille répondissent sèchement aux politesses du jeune homme. Madame Fleuriais se soumit avec docilité aux ordres de son premier garçon; mademoiselle Justine ne pouvait prendre sur elle de traiter Charles avec dureté; mais quand il lui parlait, elle baissait les yeux, elle se taisait, et elle avait bien de la peine à retenir ses pleurs. Charles ne tarda pas à s'apercevoir de ce changement d'accueil; il en fut bien affligé; mais ses scrupules en acquirent plus de force. Toujours persuadé qu'il ne lui était pas permis de prétendre à la main de mademoiselle Justine, il résolut de ne plus retourner au café, et il eut le courage d'accomplir sa résolution; mais combien il lui en coûtait! Le chagrin s'empara de lui; son état de clerc de procureur lui devint insupportable. Pour se distraire, pour se guérir de son amour, car il était bien obligé de se l'avouer à lui-même, il était profondément amoureux, il résolut de retourner près de son père. Il espérait que ses anciens professeurs n'abandonneraient pas un pauvre élève, fils d'un honnête serviteur, et sauraient l'employer dans le collége. Il alla retenir une place à la diligence de Nantes.

Le lendemain, en montant dans la voiture, il vit deux dames qui étaient dejà placées. Ces deux dames étaient mademoiselle Justine et une de ses tantes. Le parrain de mademoiselle Justine, régisseur de la terre de je ne sais quel seigneur dans les environs du Mans, avait désiré voir sa filleule, et comme il était important de ménager un homme qui, d'un instant à l'autre, pouvait faire un testament, madame Fleuriais s'empressait d'envoyer la filleule à son parrain. Oh! pour le coup, la tête tourna tout-à-fait au pauvre Charles. « Eh quoi!
» je veux fuir le danger, et les efforts que
» je fais pour le fuir m'y précipitent! »

Il avait trois jours à passer dans la société de Justine; les diligences ne marchaient pas alors aussi vite qu'à présent; il fallut bien se résigner à son sort. « Ah! » du moins, se disait-il, je jouirai du » bonheur de la voir, de lui parler pen» dant ces trois jours! » La tante était une petite vieille sans esprit, sans malice; elle ne s'aperçut ni du trouble extrême de sa nièce, ni de celui de leur compagnon de voyage; elle se félicitait d'avoir rencontré un jeune homme aussi poli, aussi prévenant, aussi aimable pour elle et pour sa nièce. Bonne et douce Justine! c'est en vain qu'elle cherchait à s'armer de froideur et de réserve; Charles, malgré sa modestie, croyait s'apercevoir que Justine n'était pas insensible à ses attentions. Ah! s'il avait osé déclarer son amour!.... Le moment de la séparation arriva, et il crut voir que cette séparation causait presque autant de chagrin à Justine qu'à lui-même.

Charles resta trois mois près de son père, toujours triste, toujours pensant à Justine. Il avait été reçu avec bonté par ses anciens professeurs, et il pouvait espérer un état tranquille et suffisant à son ambition dans le collége. Un parent de sa mère lui laissa un modique héritage sur lequel il n'avait jamais compté. Charles se crut riche ; il se crut assez riche au moins pour prétendre à la main de Justine. Il savait qu'elle était retournée à Paris ; il s'empressa lui-même de s'y rendre. Il arrive, il s'informe... Depuis huit jours, Justine était mariée !

Elle avait épousé M. Durand, marchand de meubles et de curiosités, assez bon homme, mais vif, brusque et colère. C'était un ami intime de M. Constantin. Le bruit courait que madame Fleuriais, toujours soumise aux ordres de son premier garçon, avait été obligée de déployer toute son autorité pour décider sa fille à devenir madame Durand. Quel désespoir pour Charles ! Il ne vit point Justine, et, voulant s'interdire à lui-même jusqu'à la pensée d'aimer jamais une autre femme, il embrassa l'état ecclésiastique.

Plusieurs années se passèrent. Charles Dubourg, attaché à l'une des principales paroisses de Paris, se montrait bon, pieux, assidu à ses devoirs. Un soir, pendant le salut, dans une des chapelles latérales de l'église, il était à son confessionnal. Une nouvelle pénitente s'y présente. Elle est, lui dit-elle, tout récemment établie dans le quartier. Il l'écoute. D'une voix altérée, cette femme lui révèle qu'elle est mariée, qu'elle respecte, qu'elle estime son mari, mais qu'elle a la faiblesse de conserver au fond du cœur une passion dont elle brûlait avant son mariage, une passion pour un jeune homme qui n'avait jamais osé lui déclarer son amour, et que sa timidité même lui avait rendu plus cher. Le soir, à travers la grille d'un confessionnal, l'abbé Dubourg ne pouvait distinguer les traits de cette femme; mais dès les premiers mots, au son de sa voix, il avait cru reconnaître... Aux détails qu'elle lui donne, il ne peut s'y méprendre...... c'est Justine! Elle ignore que c'est à lui qu'elle se confesse; elle ne l'avait jamais connu que sous le nom de Charles; il n'était connu dans la paroisse que sous le nom de l'abbé Dubourg. Quelle épreuve pour le pieux abbé! Justine qui, sous le sceau de la confession, vient lui révéler qu'il a été aimé, qu'il est encore aimé! A un mouvement de joie involontaire que lui cause l'aveu de cette trop chère Justine succèdent la douleur, le regret, l'effroi. Il sent sa situation, il sent la situation de la femme qui lui confie son secret: il implore Dieu; il rassemble toutes les forces de son âme, et il adresse à sa pénitente les plus sages conseils, les exhortations les plus touchantes. Il la presse, il la conjure d'étouffer cette passion, innocente d'abord, et maintenant coupable...... Mais son cœur est oppressé, ses paroles sont entrecoupées, et bientôt interrompues par ses larmes. Sa pénitente s'étonne, se trouble..... s'écrie : « Dieu! c'est lui! » et elle quitte précipitamment le confessionnal. Il s'élance en même temps qu'elle; il la soutient tremblante et presque évanouie sur les marches de l'autel où elle s'est réfugiée. « Charles! » lui dit-elle. — « Justine, chère Justine! répond-il, ... » prions ensemble, demandons à Dieu » qu'il nous donne la force de supporter » notre malheur, de surmonter notre » amour; promettons-lui de ne jamais » nous revoir. » Tous deux s'agenouillèrent devant l'autel; ils prièrent avec ferveur, et ils se séparèrent.

Le lendemain, le mari de Justine

reçut une lettre anonyme où toute la scène était racontée, et où les plus odieuses circonstances étaient ajoutées à la vérité. On a su depuis que cette lettre venait d'une méchante femme, d'une voisine qui, tenant elle-même un magasin de meubles, avait vu avec dépit M. Durand s'établir dans le quartier. Charles et Justine s'étaient crus seuls. La méchante voisine avait été témoin de leur entrevue. Cette femme, pendant cette entrevue, récitait ses prières dans le coin le plus obscur de la chapelle. Heureuse de pouvoir porter le trouble dans le ménage de madame Durand, c'est elle qui avait eu la noirceur d'écrire au mari. Ce mari adorait sa femme, il était jaloux; à la réception de la lettre, il court vers Justine, il l'interroge; elle répond avec sincérité. Furieux, il la maltraite, il l'entraîne chez sa mère et déclare qu'il veut se séparer. La mère accueille sa fille avec bonté ; elle cherche à calmer son gendre ; mais cette mère avait depuis peu épousé son premier garçon. M. Constantin était encore bien plus maître dans la maison ; il partage la colère de son ami Durand ; il injurie la pauvre Justine, et, voulant se venger de ce Charles qui dans le temps lui avait causé de l'ombrage, il court avec Durand chez le curé. On mande l'abbé Dubourg ; celui-ci raconte avec candeur l'aventure ; mais on s'obstine à le trouver coupable. Une plainte est adressée à l'officialité, et le malheureux Charles est condamné à trois mois de séminaire.

Ce fut un grand bonheur pour Charles d'être envoyé dans le séminaire dont l'abbé Omont était supérieur. Cet homme pieux, indulgent, n'eut pas de peine à gagner la confiance de Charles. Convaincu de son innocence, il le consola, il l'encouragea ; puis, plaidant avec chaleur la cause du pauvre prêtre, non-seulement il obtint qu'on abrégeât le temps de sa pénitence, mais il trouva le moyen de l'éloigner de Paris, en le faisant nommer curé dans un village de la Normandie. Plein d'un vertueux zèle, M. l'abbé Omont alla voir Justine chez sa mère; il alla voir M. Durand; il toucha son cœur; il parvint à lui démontrer combien la conduite de sa femme était pure, et il eut le bonheur de les réconcilier.

FIN DU LIVRE PREMIER.

LIVRE SECOND.

CHAPITRE PREMIER.

Intrigues, obsession, espérance d'Aubin.

Cependant, grâce à l'abbé Falcol, une grande agitation régnait déjà dans le séminaire ; il y avait de l'ambition, des intrigues, des cabales et toujours la même profusion de pratiques dévotes. Déjà la maison était sourdement divisée en deux partis, celui de l'abbé Omont, celui de l'abbé Danriot. M. Falcol ne se prononçait ni pour l'un ni pour l'autre ; il était tour à tour des deux partis, attisant le feu, dirigeant les querelles, et n'ayant l'air d'y prendre part que pour les apaiser. Les élèves étaient divisés comme les maîtres : les âmes douces, tendres, mystiques, défendirent long-temps l'abbé Omont; les âmes sombres, atrabilaires, ardentes, suivaient les bannières de l'abbé Danriot. De quel parti était Désodry? Il était subjugué par l'abbé Falcol, et celui-ci, selon qu'il le croyait avantageux à ses vues, en faisait tantôt un apologiste des vertus indulgentes du bon supérieur, tantôt un admirateur des vertus austères de l'intolérant sous-directeur. Au milieu de ces menées, M. Falcol se gardait de négliger les soins qu'il rendait comme directeur de conscience à mademoiselle Véronique.

Pour moi, animé de la plus vive amitié pour Désodry, je me faisais une grande affaire de modérer son excès de dévotion. Son oncle et sa tante Lecoq se désolaient de le voir au séminaire; sa mère s'était repentie d'avoir cédé à ses désirs; elle lui avait écrit plusieurs lettres où elle cherchait à le dissuader de son dessein de se faire prêtre; je regardais comme un devoir de seconder les vœux de sa famille. L'empire que l'abbé Falcol exerçait sur lui me parut le plus grand obstacle que j'eusse à vaincre.

« Mais quel intérêt si grand, me » demandais-je, peut exciter cet abbé à » prendre tant de peine pour s'emparer » des volontés d'un petit séminariste et » de celles de sa vieille tante? » Je crus avoir deviné ses motifs.

Le dévot abbé avait autant d'avidité que d'ambition. Né dans une classe obscure, fort en intrigue, faible en talent, il avait essayé de prêcher; c'est le véritable chemin des honneurs et des richesses ecclésiastiques. Malheureusement, il n'avait pas le don de la prédication; il fallait bien qu'il se bornât encore à de petits succès, et il déployait pour les obtenir autant d'adresse et d'activité que d'autres en ont déployé pour devenir prélats et cardinaux. Sans désespérer de rencontrer par la suite quelque duchesse crédule et facile à diriger, quelque seigneur complaisant qui se fît son prôneur et son protecteur, il trouvait très-commode et très-utile à ses intérêts d'être le directeur d'une femme âgée, comme mademoiselle Véronique, qui pouvait faire donation de son vivant ou par testament d'une assez jolie fortune ; il trouvait très-commode et très-utile à ses intérêts d'établir sa domination sur un petit jeune homme bien novice, bien enthousiaste, comme mon ami Désodry, dont il pouvait aussi usurper un jour la fortune, qui d'ailleurs, plein de zèle et intrépide dans sa foi, l'aidait déjà merveilleusement dans ses desseins contre le supérieur dont il convoitait la place. Oserai-je ajouter que mademoiselle Véronique était vieille, sèche et maigre, mais qu'elle avait une servante jeune, fraîche, de bonne mine, qui, forte de la protection de l'abbé, se montrait parfois très-impertinente avec sa maîtresse?

Éclairé sur le but de l'abbé Falcol, je me crus fort contre lui. Mais vainement voulais-je essayer de faire partager à Désodry mon opinion. Quand je lui parlais des désirs de sa mère, il m'écoutait; puis, avec douceur, mais avec fermeté, il me déclarait qu'il n'en persistait pas moins dans sa résolution. Si je me permettais un mot sur l'abbé, je voyais son front s'obscurcir, il m'imposait silence et me menaçait de quitter l'entretien. L'abbé, d'ailleurs, était alerte à venir s'interposer entre nous; il ne m'arrivait jamais de faire une visite à Désodry sans voir survenir l'importun personnage. Je ne me gênais pas pour exprimer l'ennui que me causait sa présence. L'abbé, au contraire, paraissait enchanté de me voir; il affectait de me témoigner beaucoup d'amitié. En commençant par feindre de m'approuver, il en était plus habile à tourner mes efforts contre moi-même. Nous nous disputions pour ainsi dire la possession de Désodry ; j'y mettais de la franchise, il y mettait de la fausseté ; tout l'avantage était pour lui. Désodry sortait de ces entretiens avec un redoublement de confiance dans l'hypocrite.

Fatigué de cette obsession perpétuelle, j'attendais, je cherchais l'occasion de me trouver seul avec Désodry ; elle se présenta. Un jour j'arrivai au séminaire plus tard que de coutume ; l'abbé était absent. Craignant son retour, je proposai à Désodry de sortir avec moi ; il se fit long-temps presser ; enfin il consentit. L'heure était trop avancée pour que nous nous permissions d'aller demander à dîner à son oncle ; je l'emmenai à la table d'hôte de mon petit hôtel garni.

A l'aspect de mes jeunes camarades

d'études, Désodry se souvint du collége, et il s'apprêtait à faire hommage à Dieu des railleries dont il allait être l'objet. Tous ces jeunes gens l'accueillirent avec une politesse affectueuse. Leur conversation aimable, gaie, jamais pédante, jamais licencieuse, surprit agréablement Désodry. Ils parlaient de leurs études, de leurs projets. L'un se figurait avec transport le plaisir qu'allait éprouver sa mère en apprenant qu'il avait glorieusement soutenu sa thèse de licence; un autre était bienheureux, il allait commencer son stage, et il ne voyait plus d'obstacles à son mariage avec une jeune personne qu'il aimait. Désodry partageait leur gaieté, leur bonheur. Il y avait à table un homme âgé, vêtu d'une redingote brune, qui paraissait triste et peu fortuné. Tous ces jeunes gens avaient pour lui les plus grandes attentions. Un d'entre eux venait d'achever une tragédie, et se disait entraîné vers la poésie par une vocation irrésistible. « Prenez garde, » dit l'homme âgé d'un ton morose; « n'al- » lez pas prendre pour une vocation ir- » résistible une effervescence passagè- » re. » Désodry demanda tout bas quel était cet homme. On lui dit que c'était un ecclésiastique qui était entré dans les ordres dès sa jeunesse, à l'instigation de sa famille, et se croyant lui-même appelé au sacerdoce. Réduit pour exister à faire des éducations, il avait passé sa vie dans les séminaires, dans les collèges, et n'avait pour ressource, dans sa vieillesse, qu'une modique pension que lui faisait un ancien élève. Désodry jeta un regard de compassion sur le vieux précepteur. L'entretien devint plus grave; un des jeunes gens, avec tous les égards qu'il devait au vieux prêtre et au jeune abbé Désodry, se permit de blâmer les excès de dévotion de quelques ministres de l'église catholique. Un autre prit vivement la parole : « Dans » toutes les religions, dit-il, chez » les Grecs, chez les Juifs, chez les » Turcs, il y a des sages et des exagé- » rés. Les protestans eux-mêmes qui se » piquent d'être philosophes, n'ont-ils » pas eu leurs puritains ? Essayons d'é- » clairer les fanatiques de toutes les sec- » tes ; poursuivons les fourbes, quelque » masque qu'ils prennent : honorons les » âmes pieuses et sincères, quel que soit » le culte qu'elles professent. »

Nous quittâmes nos convives ; je fis une longue promenade avec Désodry. Jamais je ne l'avais vu mieux disposé à m'entendre. Instruit par mes échecs précédens, je me gardai de lui parler contre l'abbé Falcol ; mais je l'engageai à se défier, à examiner. Il ne s'irrita point de mes paroles ; il me promit de retourner chez son oncle, de relire avec attention les lettres de sa mère. Je le reconduisis jusqu'à la porte de son séminaire. Je ne doutais pas que l'abbé Falcol ne cherchât à détruire mon ouvrage ; mais, dès le lendemain, je reverrais Désodry; en si peu de temps, il n'aurait pu perdre tout-à-fait les dispositions favorables où je le voyais ; je le mènerais chez son oncle, chez le docteur Thierry; je me livrais aux plus douces espérances.

Une circonstance ridicule me fit perdre tout le terrain que j'avais gagné, affermit l'empire de Falcol sur Désodry, et augmenta encore son extrême dévotion.

CHAPITRE II.

Première querelle des deux amis.

OUTRE les jeunes gens pleins d'honneur et de bons sentimens avec qui je passais ma vie, j'avais conservé quelques relations avec d'anciens camarades de collége. Parmi eux, était ce Villeneuve qui, pendant sa rhétorique et sa philosophie, s'était fait impie et athée. En sortant du collége, il était entré en qualité de secrétaire chez un grand seigneur, et, se trouvant du temps de reste, il composait des petites pièces pour les petits théâtres. Comme il n'arrive que trop souvent, entraîné à suivre par obstination et par amour propre le parti qu'il avait pris d'abord par légèreté, il continuait dans le monde les mauvais discours qu'il avait tenus au collége. Je ne le cherchais pas, je ne le fuyais pas; mais il me cherchait sans cesse, et c'était pour me railler. La sage philosophie que je devais aux conseils du docteur Thierry était, selon Villeneuve, incomplète, rétrécie : il me traitait d'homme timide et de philosophe manqué. Plus d'une fois, j'avais passé pour un impie aux yeux de Désodry ; j'étais un dévot aux yeux de Villeneuve ; Désodry avait voulu me convertir, Villeneuve voulait me pervertir.

Le lendemain du jour où j'avais conçu tant d'espoir, c'était un dimanche, j'allais sortir pour voir Désodry. Je vis entrer chez moi Villeneuve; il s'ennuyait, il voulait se distraire, il cherchait quelque partie de plaisir bien bruyante, bien originale. Quand il apprit que j'allais au séminaire, il partit d'un grand éclat de rire, et soudain il fut saisi d'un violent désir d'aller renouer connaissance avec ce cher Désodry dont il s'était tant moqué au collége : c'était la partie de plaisir la plus bouffonne qu'il pût rencontrer. Il me fit trembler; je lui représentai qu'il serait indécent d'aller dans une maison respectable, tout exprès pour y causer du scandale; d'autant plus qu'ordinairement, à l'heure de mes visites à Désodry, tous les séminaristes se trouvaient dans la cour. «Tant mieux, » reprit-il, je brûle de voir les figures » des nouveaux amis du petit abbé. » Il me promit de se conduire avec sagesse, avec décence; il ne voulait aller là qu'en observateur; il s'engageait à ne pas dire un mot, à n'être railleur qu'en dedans de lui-même. « Qui sait, ajouta- » t-il gaiement, si la grâce ne m'attend pas » à cette visite, si je ne vais pas être édi- » fié, changé, converti! Emmène-moi, je » t'en prie. » J'eus la faiblesse d'y consentir.

Je ne m'étais pas trompé; l'abbé

Falcol avait déjà travaillé contre moi; Désodry n'avait déjà plus cet air ouvert que je lui avais vu la veille. Sa figure se rembrunit encore davantage lorsqu'il aperçut Villeneuve. Je sentis quelle imprudence j'avais commise en ne m'opposant pas à ce qu'il vînt avec moi. Cependant je me rassurai, et Désodry lui-même se dérida, lorsqu'après avoir exprimé son plaisir de revoir un ancien camarade, nous remarquâmes avec quelle gravité imperturbable Villeneuve se bornait à faire à Désodry et à ses amis des questions sur leur genre de vie, sur leurs études, sur les règlemens de la maison, et avec quel recueillement il écoutait les réponses qu'on lui adressait. Je ne me repentais plus de l'avoir amené. L'entretien tomba sur le carême et sur sa stricte observance : Villeneuve fort humblement osa mettre en avant que l'Église n'ordonne pas d'une manière bien précise de faire maigre pendant les six semaines qui séparent le mardi gras du jour de Pâques. A l'instant, voilà le séminariste qui tranchait du théologien, prenant la parole et argumentant comme s'il eût été en chaire. Je ne sais ce qui passa par la tête de Villeneuve; mais, après avoir écouté avec beaucoup d'attention tous les raisonnemens du jeune docteur, il demanda d'un ton encore plus humble la permission de répondre; puis aussitôt, prenant à son tour le ton doctoral, et avec une gravité dont je fus complétement la dupe : « Partons d'un principe; » il n'y a pas de Dieu : or..... » A ce mot, à ce blasphème, comment peindre la surprise, la stupéfaction qui se manifesta sur toutes les figures? J'étais aussi stupéfait que les autres. Villeneuve, sans se déconcerter, continua : « Or puis- » qu'il n'y a pas de Dieu.... » Ici, la surprise fit place à l'indignation. Un murmure général s'éleva; je vis le moment où transportés d'un saint zèle, les jeunes abbés allaient se permettre des voies de fait; quelques-uns parlaient de lapider l'impie. J'exprimais mon courroux à Villeneuve, je me déclarais innocent de sa conduite, j'intercédais pour le coupable; je suppliais qu'on se bornât à le chasser. Heureusement, la cloche du dîner sonna; les séminaristes nous quittèrent pour aller au réfectoire : j'emmenai Villeneuve.

A peine fûmes-nous dans la rue que je lui adressai les plaintes les plus amères. Au lieu de me répondre, « Ah! » mon cher Aubin, me dit-il en éclatant » de rire, quels cagots! quels imbéciles! » mais ne trouves-tu pas, comme moi, » qu'il n'y a pas une seule de toutes ces » figures de prêtres où l'on ne distingue » du faux ou du niais? et le plus souvent, » les deux nuances s'y trouvent et se con- » fondent. »

En allant dîner, selon mon usage de tous les dimanches, chez le docteur Thierry, je pensai au bon abbé Omont que j'avais eu l'occasion d'entretenir plusieurs fois; je pensai aux vertueux orateurs, aux grands écrivains, aux âmes bienfaisantes dont l'Église s'honore; et, malgré l'opinion de Villeneuve, je restai convaincu qu'il fut et qu'il est de saints prêtres dignes de leur respectable ministère.

Je craignais que Désodry et ses camarades ne me regardassent comme le complice de Villeneuve; je m'empressai de retourner au séminaire. J'arrivai pendant la récréation du soir; il me sembla que tous les séminaristes jetaient sur moi des yeux courroucés. J'allai à Désodry; déjà, j'essayais de lui prouver combien moi-même j'avais été révolté du propos aussi inconcevable qu'indécent.... « Épargnez-vous toute » explication, me dit-il d'un ton froid

» et composé; je n'accuse personne,
» je n'en veux à personne, je prie pour
» tout le monde ; mais vos princi-
» pes, la légèreté de vos mœurs, vos
» liaisons mondaines, votre tiédeur en
» matière de religion ne me permettent
» plus de souffrir que vous me fréquen-
» tiez. Moins impies que ce malheureux
» Villeneuve, vos autres amis n'en sont
» peut-être que plus dangereux. Insensé!
» j'avais osé concevoir l'espérance que je
» parviendrais à vous inspirer mon zèle:
» je suis puni de mon orgueil ; c'est moi
» au contraire qui étais sur le point de
» vous céder. Malgré mes efforts pour ne
» point donner à une créature cette pré-
» dilection qui doit être réservée au Créa-
» teur, je vous aime ; et vous êtes de
» tous le plus à craindre pour moi : je
» peux résister aux discours des autres,
» mais je me sens faible contre les vôtres.
» Puisse Dieu, dans sa miséricorde, exau-
» cer les ferventes prières que je ne cesse-

» rai de lui adresser pour votre salut : » mais il faut cesser de nous voir. » Ce langage était bien dur ; j'aurais mieux aimé qu'il s'exprimât avec colère. Profondément affligé, je lui rappelai sous quels doux auspices notre amitié s'était formée ; je lui rappelai le bonheur qu'elle avait répandu sur notre jeunesse ; je le suppliai de ne pas me désespérer en m'imposant la loi cruelle de ne le plus voir. Jamais je ne l'avais vu plus inflexible : peut-être cependant serais-je parvenu à l'attendrir... l'abbé Falcol vint à nous.

« Je me flatte, dit-il doucereusement » à Désodry, que votre léger mouvement » de colère contre votre ami est apaisé. » Oh ! oui, je ne doute pas que l'explica- » tion n'ait tourné à l'avantage de M. Au- » bin. S'il n'a pas votre ferveur, au moins » est-il loin de l'impiété du jeune libertin » qu'il nous avait amené. » A la vue de l'abbé Falcol, Désodry devint encore plus froid et plus composé. « Eh quoi, » continua l'abbé, bouderiez-vous en- » core ? Ah ! plutôt profitez de cette cir- » constance pour faire sentir à monsieur » les dangers auxquels nous expose la » mauvaise société ; et, poussant plus » loin vos exhortations, regardez-vous » comme choisi par Dieu pour rendre » votre ami aussi pieux que vous l'êtes. » Avec quelle ardeur je vous seconderais » dans ce religieux projet ! Oui, mon cher » monsieur Aubin, laissez-nous espérer » que nous ferons de vous un fidèle, un » chrétien : vous êtes une précieuse bre- » bis que l'église appelle dans son ber- » cail. » L'odieux personnage pressait mes mains dans les siennes ; je les reti- rai avec un vif mouvement de répu- gnance qui n'échappa pas à Désodry ; lui-même alors sembla réprimer un vif mouvement de colère. Il leva les yeux au ciel, joignit les mains, les croisa sur sa poitrine, prit à son tour celles de l'abbé Falcol : « O mon père, dit-il, » ne craignez pas que rien altère la con- » fiance que j'ai en vous. » Puis se tournant vers moi : « J'entends une voix » céleste qui me commande de persister » dans ma résolution : il faut cesser de » nous voir. » Il me quitta en levant de nouveau les yeux au ciel, comme pour offrir à Dieu le sacrifice de notre amitié.

Je n'avais fait aucun effort pour le retenir; je restais pensif, confondu. « Monsieur, » me dit l'abbé Falcol d'un air à la fois contrit et triomphant, « voici » l'heure à laquelle notre règle nous in- » terdit de recevoir les visites des étran- » gers. » Je sortis désolé.

CHAPITRE III.

Réconciliation.

Je ne me rebutai point : je retournai plusieurs fois au séminaire, ma présence semblait être à charge à Désodry ; il trouvait brusquement un prétexte pour me quitter. Tantôt l'heure de la prière l'appelait, tantôt il était attendu pour une conférence théologique. Lorsqu'avec peine, j'étais parvenu jusqu'à lui, il ne m'écoutait point, il n'était point avec moi ; son âme était plongée dans des ravissemens, dans des extases ; rempli d'amour, d'un pur amour, d'une tendresse exaltée pour Dieu, aspirant à l'état de grâce parfaite, il était livré à toutes les folies de la mysticité. Après une discussion où j'eus l'imprudence de m'emporter, et où il resta froid et obstiné, il fallut bien que j'interrompisse mes visites : je me sentais fort irrité contre lui.

Nous étions en carnaval : je reçus de madame Lecoq une invitation à dîner pour le lundi gras ; elle m'annonçait dans sa lettre que je trouverais chez elle une personne dont la présence me causerait un grand plaisir. « Serait-ce » Désodry ? me disais-je ; dois-je dési- » rer, dois-je craindre de le voir ? »

J'arrivai de bonne heure : en traversant la salle à manger, je souhaitai le bonjour à M. Lecoq, qui était en veste dans sa cuisine entr'ouverte, donnant ses instructions à sa cuisinière. Le père Lecoq faisait lui-même les emplettes, et présidait à tous les apprêts quand il avait du monde à dîner. « Bonjour, » bonjour, mon cher, me dit-il, on vous » attend ; vous allez trouver quelqu'un » de connaissance. »

J'entrai au salon : madame Lecoq

écoutait avec un tendre intérêt une jeune personne assise à un forté-piano. Au bruit que je fis, la jeune demoiselle se leva, et je restai frappé de la grâce répandue sur toute sa personne. « Eh » quoi? Aubin, me dit madame Lecoq, » vous ne reconnaissez pas ma nièce? » C'était en effet mademoiselle Pauline. A l'instant même, mille souvenirs touchans vinrent s'offrir à mon esprit. Je lui avais pris la main que je portais respectueusement à mes lèvres; mais l'aimable fille m'ouvrit les bras, en disant avec une candeur enchanteresse : « N'est-ce pas, ma tante, qu'il n'y a pas de » mal d'embrasser l'ami de mon frère? »

Mademoiselle Pauline était arrivée la veille à Paris. Madame Désodry continuait d'éprouver un grand combat entre la dévotion et la coquetterie; elle commençait à ressentir quelque dépit en voyant sa fille grandir et embellir à ses côtés. Tout à coup, elle imagina que ce qu'elle avait de mieux à faire, était de mettre sa fille au couvent. Elle confia mademoiselle Pauline à une dame respectable qui partait pour Paris, et dans la lettre où elle annonçait l'arrivée de la jeune personne, elle priait monsieur et madame Lecoq de vouloir bien la garder dans leur maison, jusqu'à ce que sa sœur Véronique eût choisi le couvent le plus convenable.

Il y avait à peine quelques minutes que j'étais dans le salon, lorsque nous vîmes entrer M. Lecoq tenant par la main Désodry. « Tiens, lui dit-il, la » voilà. » Désodry courut vers sa sœur : il n'y avait plus sur sa figure cette teinte sérieuse qu'imprime presque toujours la dévotion ; ses traits étaient animés, ses yeux pleins de tendresse : c'était un frère embrassant sa sœur avec toute l'affection qui peut être renfermée dans ce doux nom de frère. Il quitta sa sœur pour embrasser sa tante, puis il m'aperçut. Il restait silencieux devant moi, m'examinant, et les yeux mouillés de larmes : je sentais les miennes prêtes à couler en le regardant avec la même attention. « Eh bien, mon frère, lui » dit mademoiselle Pauline, est-ce que » tu n'embrasses pas ton ami ? » A ces mots de sa sœur, Désodry me regarde de nouveau, semble hésiter un moment, et se précipite dans mes bras. Avec quel transport je reçus ses embrassemens ! combien je fus touché de son heureux retour ! J'ai eu souvent occasion de le remarquer : quand deux amis divisés par quelques querelles se rencontrent après un intervalle de temps passé sans se voir, leur premier mouvement est de s'embrasser, sauf à s'expliquer et peut-être à se disputer ensuite.

Quelle aimable chose qu'un dîner de famille ! car ces bonnes gens me regardaient comme étant de la famille. Mademoiselle Véronique y était ; je fus étonné, mais encore plus charmé de la voir témoigner la plus vive amitié à sa nièce, à son frère, à sa belle-sœur et même à moi. Son âme, que la dévotion semblait avoir desséchée, avait repris quelque ressort à l'aspect de sa jeune nièce. Il est vrai que M. l'abbé Falcol n'était pas là ; M. Lecoq s'était gardé de l'inviter. Le dîner était exquis ; le bon M. Lecoq avait soin de nous vanter les mets et les vins : il riait de tout son cœur, et semblait le plus heureux des hommes en chargeant nos assiettes et remplissant nos verres. On but à la santé de madame Désodry ; après sa santé, ces dignes et bons amis voulurent bien porter celle de ma mère. Le père Lecoq, un peu en pointe de gaieté, nous fit mille contes plus joyeux les uns que les autres, et Désodry et mademoiselle Véronique ne se gênaient pas pour en rire autant que nous. Au dessert, on invita mademoiselle Pauline à chanter; elle se garda de se faire prier. Oh! comme sa voix allait au cœur ! Il n'avait été question ni de dévotion, ni de controverse, ni de philosophie; on n'avait parlé que du bonheur d'être ensemble.

Il faisait un temps d'hiver magnifique; Désodry, sa sœur et moi, nous descendîmes au jardin. Nous nous promenâmes long-temps; nous nous rappelions avec délices notre première rencontre, notre premier voyage, mes visites à la famille de mon ami pendant les vacances.

Ravis de la journée que nous avions passée, nous nous rapprochions de la maison; nous entendîmes des violons. Le bon monsieur Lecoq, pour célébrer l'arrivée de sa nièce, et vu la saison de l'année où nous nous trouvions, avait imaginé de donner un petit bal où il avait invité plusieurs familles du voisinage. A ce mot de bal, mademoiselle

Pauline sauta de joie et parut enchantée de la surprise que son oncle lui faisait ; mais son frère l'abbé n'en paraissait pas aussi enchanté. Pour la première fois de la journée, son front s'obscurcit. Il reprit bientôt sa sérénité. « Amusez-vous, nous dit-il en souriant ; » mais ne vous opposez pas à ce que je me » retire ; mon état et mes principes ne » me permettent pas d'assister à un pareil » divertissement. » Nous nous gardâmes de vouloir le retenir ; mais nous le pressâmes de rentrer au moins un instant pour prendre congé de Mr. et Mme. Lecoq. Il s'y refusa ; il aurait cru commettre un péché en se montrant dans un bal. Il nous pria seulement d'avertir sa tante Véronique ; il avait promis de la reconduire chez elle en retournant au séminaire ; mais la tante Véronique, qui croyait ne point pécher en s'amusant un peu pendant le carnaval, s'était mise au piquet avec un des plus forts amateurs du Marais, et tout en jouant, semblait prendre un véritable plaisir à voir danser toute cette jeunesse ; c'est ce que M. Lecoq et moi nous allâmes dire à Désodry qui s'achemina solitairement vers son séminaire.

C'était un petit bal entre amis où régnaient la confiance, une douce et vive gaieté. Il se prolongea jusqu'à minuit. Je me retirai dans ma petite chambre garnie, heureux d'avoir recouvré l'amitié de Désodry, heureux d'avoir dansé plusieurs fois avec mademoiselle Pauline.

Nous avions retrouvé toutes nos espérances; ma réconciliation avec mon ami, l'arrivée de sa sœur nous semblaient des moyens certains de succès. Je m'étais bien gardé de rien dire à Désodry qui pût lui faire croire que je songeasse à le détourner de sa vocation; mais je me proposais de revenir peu à peu à mes anciens discours, de tenter, en y mettant plus d'adresse, de nouveaux efforts auprès de lui. Nous nous flattions que sa sœur se joindrait à nous, et nous comptions nous servir avec avantage de l'aimable ascendant qu'elle avait sur son frère.

Le lendemain, impatient de revoir mon cher Désodry, je courus le chercher à son séminaire. Je fus bien surpris de ne pas l'y trouver. Dès neuf heures du matin, il était sorti.

CHAPITRE IV.

Le mardi gras, le mercredi des cendres.

On peut avancer, sans craindre d'être démenti, qu'il n'est pas un individu en France, si pauvre où si mélancolique qu'il puisse être, qui ne cherche à passer le temps plus gaiement, ou moins tristement que de coutume pendant le carnaval. L'influence de cette joyeuse époque de l'année se fait sentir jusque dans les cloîtres, jusque dans les séminaires. Le petit abbé Ledoux, le camarade chéri de Désodry, avait été invité à déjeuner le mardi gras chez un de ses cousins, jeune étudiant en droit, qui ce jour-là réunissait quelques amis : il avait proposé à Désodry de l'accompagner. Désodry n'avait aucun motif de refuser. L'abbé Ledoux était son émule en dévotion, il assurait que son cousin était un jeune homme de bonnes mœurs, que la société qu'il rassemblait chez lui était des plus édifiantes, et que même il devait s'y trouver quelques jeunes abbés d'un autre séminaire. Désodry et Ledoux allèrent ensemble demander au supérieur la permission de sortir. « J'y consens, » leur dit ce digne homme avec bonté ; « la » religion ne nous interdit pas d'inno» cens plaisirs. »

Le cousin de l'abbé Ledoux jouissait d'une certaine aisance ; ses parens lui fournissaient abondamment de quoi s'instruire et s'amuser à Paris. Il avait un fort joli appartement, composé de plusieurs pièces meublées avec beaucoup d'élégance. Les deux séminaristes trouvèrent dans le salon cinq ou six jeunes gens qui, en attendant le déjeuner commandé à un fameux traiteur du voisinage, causaient avec beaucoup de vivacité, de gaieté et même de bruit. Ce tumulte ne plut pas beaucoup à Désodry; il cherchait des yeux les abbés de l'autre séminaire qu'on lui avait annoncés; il paraît qu'ils n'avaient pu se rendre à l'invitation. Trois des convives étaient étudians en droit comme le maître du logis; un autre était un militaire qui, en sortant des pages, avait obtenu une sous-lieutenance d'infanterie; un autre était un comédien des boulevards. Tous connaissaient l'abbé Ledoux : Désodry fut très-étonné quand il entendit cette bruyante compagnie se permettre des plaisanteries contre l'abbé; il fut encore plus étonné quand il vit son camarade prendre fort gaiement la chose, soutenir les railleries, et y répondre légèrement par d'autres plaisanteries. Il s'en fallait que les discours de ces jeunes gens fussent aussi scandaleux que le propos de Villeneuve; ils étaient plutôt licencieux qu'impies; mais ils ne lui en paraissaient pas moins très-condamnables. Comme il ne connaissait aucun des convives, il se taisait et on ne lui adressait pas la parole. Dominé, retenu par ce respect humain, source de presque toutes les fautes des jeunes gens et même des personnes plus âgées, il cherchait à se donner une contenance libre et aisée : le traiteur vint annoncer que le déjeuner était servi.

On se mit à table. Désodry était entre le comédien des boulevards et le sous-lieutenant d'infanterie. La conversation était à la fois générale et particulière : la conversation générale était gaie, joviale, un peu philosophique. Le comédien y prenait part, parlait, interpellait, répondait, et cela ne l'empêchait pas de vanter à Désodry le mérite de son art qu'il comparait modestement à celui de la chaire. Habitué à jouer des bouffonneries, des parades et des pantomimes, cet homme se mettait sans façon au-dessus des prédicateurs, disant que le grand avantage du comédien était de prêcher la morale en riant, et de tenir bien éveillés ceux qui s'endorment au sermon. Pendant ce temps, le sous-lieutenant d'infanterie versait à boire à plein verre à Désodry, et celui-ci, sans s'en apercevoir, buvait et se grisait. Cependant le sous-lieutenant profitait du moment où le comédien se taisait pour raconter à Désodry ses espiègleries de garnison, et même du temps où il était page, et alors, c'était le comédien qui versait à boire. Déjà Désodry ne se scandalisait plus, et il disait en soupirant au sous-lieutenant : « Vous avez » dû bien vous amuser ! » Lorsque le vin de Champagne eut paru aux acclamations de la société, et que le premier bouchon eut sauté avec fracas jusqu'au plafond, le délire, le bruit augmentèrent. Désodry, jusque-là fort silencieux, commença lui-même à babiller, et comme, par suite de l'habitude, il babillait d'un ton mystique et dévot, il fit beaucoup rire toute la joyeuse compagnie, et lui-même riait aux éclats de les voir rire et de les faire rire; il trouvait le vin de Champagne d'une douceur ineffable; et comme l'abbé Ledoux se possédait mieux que lui, il le raillait et il excitait les autres à le railler.

On était depuis long-temps au dessert, lorsqu'on vit paraître des dames, des dames charmantes! Elles n'étaient point masquées; mais elles étaient déguisées, l'une en bergère coquette, l'autre en sultane favorite, la troisième en religieuse. J'ai su que la sultane favorite était une ouvrière en modes, maîtresse du cousin de l'abbé Ledoux, et que les deux autres étaient des grisettes amies de la sultane. A leur aspect, nouvelles acclamations. On se serre pour faire place à ces dames, et la religieuse se trouve assise entre Désodry et le comédien des boulevards. On fait petiller et circuler de nouveau le vin de Champagne. Malgré son ivresse, Désodry avait été un peu interdit à l'arrivée des dames ; mais bientôt il ne s'occupe que de la jolie religieuse à côté de laquelle il est placé. Sa guimpe, son bandeau de fine batiste donnaient un éclat prodigieux à deux grands yeux noirs qu'elle affectait de lever et de baisser dévotement. Désodry lui offre à boire. « *Ave*, mon frère, lui dit-elle en tendant modestement son verre. » Et il remarque que la main qui tient le verre est extrêmement blanche. Désodry ne savait plus où il en était ; il continuait ses discours dévots, en y mêlant une sorte de galanterie, et la nonne lui répondait sur le même ton. Il fallait qu'elle fût la fille de quelque tourière, ou qu'elle eût été couturière de quelques pensionnaires de couvent, pour connaître aussi bien le langage et les habitudes des religieuses.

Cette scène, cet assaut de galanterie et de mysticité entre la fausse nonne et le jeune abbé amusaient extrêmement les convives, et Désodry tirait vanité du rôle qu'il jouait dans la scène; mais surtout il se sentait en extase de plaire à la céleste nonne.

Qu'on me pardonne de ne pas pousser plus loin le récit d'une véritable orgie; car ce fut ainsi que se termina le déjeuner édifiant du cousin de l'abbé Ledoux.

Le pauvre Désodry s'était endormi profondément sur un canapé, dans une autre chambre de la maison qu'il ne connaissait pas. Quand il se réveilla, il faisait nuit; il était seul; une lumière brûlait sur une commode. Les fumées du vin commençaient à se dissiper; avec quel effroi, avec quelle amertume il se rappela toutes les circonstances du péché qu'il avait commis! Il n'entendait aucun bruit; il prit la lumière, ouvrit la porte, et se trouva dans le petit salon où on s'était réuni avant le déjeuner. Il entra dans la salle à manger; il aperçut les débris du festin; il soupira douloureusement. Il ne vit d'autre personne qu'un des garçons du traiteur, endormi sur une chaise. Il le réveilla, et lui demanda ce qu'étaient devenus le maître et les convives. Le garçon lui apprit que ces messieurs et ces dames étaient partis, quand il faisait jour encore, pour aller voir les masques, qu'ils devaient courir dans les guinguettes et dans les bals, que le maître du logis l'avait chargé de rester jusqu'à ce que M. l'abbé fût réveillé, et de lui dire que, s'il voulait les rejoindre, il les retrouverait au bal de l'Opéra, où ils lui donnaient rendez-vous. Nouveaux et profonds gémissemens de Désodry! Il demanda ce qu'était devenu l'abbé Ledoux; le garçon traiteur ne put lui en donner aucune nouvelle. Il demanda, en tremblant, quelle heure il était. Il frémit lorsque le garçon lui apprit qu'il était huit heures et demie; la grande porte du séminaire se fermait à neuf heures moins un quart. Il avait pour plus d'un quart d'heure de chemin; car l'étudiant en droit logeait loin des écoles. Sans prendre congé du garçon traiteur, il se précipita sur l'escalier, le descendit rapidement, et marcha ou plutôt courut vers le séminaire. Il y arriva, tout essoufflé, au moment où le portier achevait de mettre les verrous. A travers la serrure, il supplia cet homme de vouloir bien lui ouvrir. « Par saint André mon » patron, dit celui-ci en entrebaillant la » porte, il était temps! » Désodry lui mit un écu dans la main, lui recommanda le silence, et lui demanda si l'abbé Ledoux était rentré. « Eh! mon doux » Sauveur! excepté vous, qui peut être » dehors à pareille heure? » Désodry ne répondit rien; tout le monde était couché; il ne vit de lumière dans aucune chambre; il gagna la sienne à tâtons.

Au moment où il s'était réveillé dans la chambre à coucher du cousin de l'abbé Ledoux, le souvenir de tout ce qui s'était passé s'était brusquement présenté à son esprit, et l'avait frappé comme d'un coup de tonnerre. L'effroi de ne pouvoir rentrer l'avait seul occupé pendant sa marche précipitée, et il était encore tout tremblant, tout palpitant de crainte en entrant dans son lit. Ce fut alors que sa faute lui apparut dans toute son énormité. Grâce à la complaisance du portier, personne ne pouvait la soupçonner; mais pouvait-il s'en dérober la connaissance à lui-même? La veille, il avait pieusement refusé d'assister à un petit bal de famille, et aujourd'hui, il s'était laissé entraîner dans une partie de débauche! Il se frappait la poitrine, il gémissait, il versait de grosses et abondantes larmes. Il ne put s'endormir que vers le matin, et il fut assailli par les rêves les plus effrayans. Un des plus terribles tableaux qui se présentèrent à ses yeux fut celui de cette fatale religieuse qui l'avait séduit, et qui, déjà entre les mains des esprits impurs, semblait l'appeler à partager ses tourmens. A la prière du matin, en contemplant la physionomie calme de tous ses camarades, leur air de vertu et de béatitude, quel affreux retour il faisait sur lui-même ! Ce qui le frappa le plus, ce fut de voir son compagnon, l'abbé Ledoux, aussi calme, aussi serein que les autres. Après la prière, il s'approcha de Ledoux; il se préparait à lui reprocher de l'avoir abandonné dans la maison de son cousin : quelle fut sa confusion, lorsque Ledoux, prenant un ton sévère, lui dit : « O Désodry, quelle faute » vous avez commise hier ! quel em» pire les passions ont sur vous ! com-

» bien je me félicite que la grâce m'ait » touché assez tôt pour que j'aie eu la » force de fuir, et de revenir dans no» tre pieuse maison ! repentez-vous et » priez. » Ce discours austère de celui qu'il croyait son complice acheva de briser le cœur de Désodry. Il ne s'avisa point de penser que Ledoux, ayant péché en cachette, croyait pouvoir dire qu'il n'avait pas péché : il entra en admiration de la sagesse et du courage de son compagnon, et il en éprouvait d'autant plus d'horreur et d'affliction pour sa propre conduite. Pendant l'office, abattu, plongé dans les plus tristes pensées, il lui semblait que chacun devait lire sa honte sur son visage. Au moment où il s'avança pour recevoir les cendres de la main de l'officiant, « Oui, se disait-il, oui, je suis déjà » une vile et coupable poussière ! »

Il lui tardait de déposer sa faute au tribunal de la pénitence. L'usage de la maison était que les jeunes ecclésiastiques allassent à confesse le samedi; mais comment rester courbé sous le poids de son péché pendant trois jours? Et si la mort venait à le frapper dans cet intervalle !... C'était l'abbé Falcol qui était son confesseur; il résolut de ne pas attendre au samedi. Dès qu'il put trouver un moment, il s'achemina vers la chambre de l'abbé Falcol, et, après avoir long-temps hésité, il frappa timidement à la porte.

CHAPITRE V.

Les confesseurs et les pénitens.

Au moment où Désodry frappait à la porte de l'abbé Falcol, celui-ci achevait une lettre à la supérieure d'un couvent de femmes situé au faubourg Saint-Marceau. Il en était le directeur, et il annonçait à la supérieure une nouvelle pensionnaire; cette nouvelle pensionnaire était mademoiselle Pauline. La tante Véronique n'avait pas oublié que madame Désodry s'en rapportait à elle pour choisir le couvent où sa fille devait être mise en pension; et tandis que Désodry allait avec le jeune abbé Ledoux à ce déjeuner qui devait lui causer tant de remords, elle avait fait prier l'abbé Falcol de venir lui donner ses conseils. A peine était-il arrivé qu'ils virent entrer mademoiselle Pauline accompagnée de la servante de M. Lecoq; la jeune fille avait cru devoir s'empresser de faire une visite à sa tante. A l'aspect de mademoiselle Pauline, l'abbé Falcol avait paru saisi d'admiration; il lui avait prodigué tant de dévots complimens que la bonne tante, avec un sourire agréable, s'était permis de dire qu'elle était presque jalouse de sa nièce. Les prédications de l'abbé Falcol, qui avaient si peu réussi ailleurs, obtenaient un grand succès dans le couvent du faubourg Saint-Marceau; on y goûtait encore bien plus ses sages conseils, ses pieux entretiens. Il avait choisi pour Désodry le séminaire où il était maître de conférence; il choisit pour la sœur de Désodry le couvent dont il était directeur.

Il interrompit sa lettre pour recevoir Désodry; frappé du trouble extrême du jeune homme, il l'encouragea par un ton plein de douceur et d'onction. En fondant en larmes, Désodry se soulagea par un aveu sincère du fardeau qui l'oppressait. A ce récit, le bon abbé Falcol levait les yeux au ciel, gémissait, et se faisait raconter avec soin toutes les circonstances du péché. Lorsque Désodry se tut, attendant son arrêt: « Mon cher fils, lui dit l'abbé, voilà en » effet une bien grande faute; elle me » cause plus de chagrin que si j'avais pé- » ché moi-même, tant est vive et extrême » mon amitié pour vous. Hélas! cette » amitié ne doit-elle pas me mettre en » défiance? Oui, je crains de pousser » trop loin l'indulgence pour l'être que » je me plais à chérir. Dans l'état où vous » êtes, après la faute que vous avez com- » mise, avec la fragilité de votre raison » et la crainte que doit vous inspirer la » force de vos passions qu'il faut mor- » tifier, vous avez besoin d'un guide plus

» austère, qui ne soit animé que de l'a-
» mour de Dieu, et qui n'éprouve pas
» pour vous cette tendre affection dont
» je ne puis me défendre. Jecontinuerai
» de vous donner mes conseils, je serai
» toujours votre ami; mais je ne puis
» rester votre confesseur. » Il se fit un moment de silence; Désodry, les yeux baissés, n'osait proférer une parole; l'abbé Falcol reprit : « Nous avons le
» bonheur de posséder dans cette maison
» un saint prêtre que je ne saurais mieux
» comparer qu'à un apôtre; sa parole,
» toujours fervente, pousse au déta-
» chement du monde, et à l'accomplis-
» sement des bonnes œuvres : voilà le
» confesseur que je vous engage à choi-
» sir. » Il y eut encore un moment de silence. « Et quel est ce saint prêtre? » dit enfin Désodry avec timidité. — « Le respectable abbé Danriot. » A ce nom, Désodry frémit; l'abbé Danriot lui avait toujours inspiré de l'effroi;

mais il avait commis une grande faute, il devait subir un grand châtiment : c'était l'homme le plus sévère, le plus impitoyable qu'il devait chercher. Il baissa la tête, et promit de prendre l'abbé Danriot pour confesseur.

Cependant l'abbé Falcol trouvait que ses intrigues, dans le séminaire, ne marchaient pas assez vite ; l'abbé Danriot blâmait la douceur, la bonté de l'abbé Omont, mais il respectait en lui son supérieur : il avait des égards, des ménagemens. Que fit l'abbé Falcol? Il venait de donner pour pénitent à l'abbé Danriot un jeune homme dont il était le souverain maître ; lui-même qui avait toujours eu son confesseur hors de la maison, se fit le pénitent de l'intolérant sous-directeur. « Vous » voyez, dit-il à Désodry, j'ai suivi » pour moi le conseil que je vous » ai donné. » On sait la grande influence des confesseurs sur leurs pénitens ; les rois n'en ont pas été à l'abri, et l'on serait embarrassé de dire qui a obtenu le plus de pouvoir, des favoris, des maîtresses ou des confesseurs. Ici, l'on vit autre chose ; c'était un pénitent adroit et fin, exerçant un grand empire sur un confesseur fougueux et fanatique. Ces intolérans, ces énergumènes, qui marchent en avant dans leur zèle, toujours prêts à frapper ou à mourir pour leur cause, ne se doutent pas que, trop souvent, ils ne sont que les instrumens d'ambitieux et froids calculateurs qui se couvrent d'un masque pour les faire agir. Je ne sais de quels péchés l'abbé Falcol jugeait à propos de s'accuser ; mais il m'est prouvé qu'il accusait les autres. Du pied du confessionnal où il était agenouillé devant l'abbé Danriot, il dirigeait les volontés du sombre ecclésiastique. Il lui insinuait, il lui dictait ce qu'il devait dire, comment il devait se conduire avec les autres personnes qui lui accordaient leur confiance : le pénitent menait le confesseur.

Le résultat s'en manifesta bientôt. L'abbé Danriot devint l'ennemi déclaré de l'abbé Omont, et lui fit des ennemis de presque tous les habitans du séminaire, tant le sous-directeur était véhément dans ses exhortations confidentielles, tant le maître de conférence était habile à tout brouiller en feignant de vouloir tout concilier. Déjà l'abbé Omont n'est plus qu'un âme tiède, un demi-chrétien. Son indulgence envers le pauvre abbé Charles Dubourg est rappelée, travestie, empoisonnée, présentée sous de coupables couleurs : on l'accuse d'avoir protégé, favorisé le vice; l'infâme nom de philosophe a été prononcé; qui sait si celui d'hérétique ne va pas suivre ?

L'abbé Falcol s'était fait le pénitent de l'abbé Danriot, et il lui avait donné

Désodry pour pénitent ; mais en qualité de directeur du couvent du faubourg Saint-Marceau, il s'était réservé d'être le confesseur de mademoiselle Pauline Désodry.

Adieu toutes nos espérances. Ce n'était pas assez que Désodry fût l'esclave d'un hypocrite ; le voilà pénitent d'un fanatique ! Et comment sa sœur pourrait-elle seconder nos vœux ? elle est elle-même sous la direction du fourbe qui domine son frère.

CHAPITRE VI.

Mademoiselle Désodry au couvent. Persévérance de Désodry.

Jusque-là, nous avions vu croître avec inquiétude la dévotion de Désodry; mais enfin il était resté bon, humain, sensible; il avait conservé son affection pour sa famille; il s'attendrissait aux lettres de sa mère, et il y avait autant d'amitié pour nous que de zèle pour l'Église dans ses projets de nous convertir. Tout changea dès que l'abbé Falcol lui eut fait prendre l'abbé Danriot pour confesseur; il devint dur, farouche, intraitable; aux extases de la mysticité succédèrent les fureurs de l'intolérance.

Tant que son nouveau confesseur crut devoir le tenir humilié sous le poids de sa faute, et ne lui permit pas d'approcher des sacremens, je le vis triste, abattu. Bientôt son chagrin fut remplacé par une joie dévote et peu charitable. « Gloire aux cœurs pieux et zélés » qui se repentent! s'écriait-il; honte et » malheur aux pécheurs endurcis! » Il s'indignait contre l'incrédulité du siècle et la perversité des mœurs. Un orgueil austère brillait dans ses yeux, animait ses paroles; il semblait jouir et triompher en prédisant aux impies leur damnation éternelle. « Paris, » disait-il, est une nouvelle Ninive, » que Dieu a marquée du sceau de la » réprobation, et que le châtiment doit » bientôt atteindre. » Quelquefois, accompagné de l'abbé Falcol, il allait au couvent de sa sœur; mais il avait de nouveau cessé de venir chez M. Lecoq. Il lisait d'un œil sec les lettres de sa mère; il y répondait avec respect, mais sans tendresse. « Servir Dieu, disait-il

» voilà mon unique étude; tout le reste » n'est rien. » Dans son zèle mystique, il avait voulu convertir tout le monde; dans son intolérante austérité, il repoussait tous ceux qui ne pensaient pas comme lui.

Bonne, douce, aimable et gaie, mademoiselle Pauline venait toutes les semaines chez M. Lecoq; sa présence consolait son oncle et sa tante de l'abandon de leur neveu; ses caresses, ses soins empressés touchaient ces bonnes gens; elle les amusait par ses innocentes malices. Tout en respectant les excellentes qualités des religieuses, elle se permettait sur elles de légères railleries; elle vantait leur bonté, mais elle plaisantait sur leurs petites momeries. Elle contrefaisait la maîtresse des pensionnaires et même madame la supérieure; elle contrefaisait sa tante Véronique et même l'abbé Falcol. « Mais qu'est-ce que » je fais! disait-elle, en s'interrompant;

» c'est mon confesseur ; ne faudra-t-il pas » que je m'accuse à lui-même de m'être » moquée de lui ? » Madame Lecoq aurait bien voulu interdire à sa nièce ces espiègleries ; mais M. Lecoq l'y encourageait ; il riait aux éclats et voulait absolument qu'elle essayât aussi de contrefaire le ton grave et pédant de son frère. Mademoiselle Désodry s'y refusa toujours avec obstination ; elle aimait tant son frère ! le sentiment qui la dominait, c'était l'amitié fraternelle.

Cette amitié fraternelle rendait cette jeune personne encore plus aimable à mes yeux. Je choisissais pour aller chez M. Lecoq, les jours où j'avais l'espérance d'y rencontrer sa nièce. J'aurais cru commettre une indiscrétion en proposant à madame Lecoq ou à Désodry de les accompagner quand ils allaient au parloir ; mais je suivais un cours d'histoire naturelle au Jardin du Roi, et j'avais l'occasion, en me détournant un peu, de passer sous les murs du couvent. Involontairement, je m'y arrêtais; puis je revenais sur mes pas; je faisais le tour de la maison, j'examinais les nombreuses fenêtres des bâtimens; dans mon imagination, je devinais la distribution des salles, des cellules. « Voilà » le dortoir, me disais-je; là, sont les » classes; elle est là sans doute; elle pense » à son frère, à ses bons parens... peut-» être à moi, à cause de mon amitié pour » son frère. » Quelquefois, à travers les murs élevés du jardin, j'entendais les cris des jeunes pensionnaires en récréation; quel bonheur pour moi quand j'avais cru reconnaître la voix de mademoiselle Pauline!

Tout à coup, il survint un grand scandale. Mademoiselle Désodry, que depuis quelque temps, nous avions été surpris de voir grave et silencieuse, déclara positivement qu'elle ne voulait plus de l'abbé Falcol pour son confesseur. La maîtresse des pensionnaires et madame la supérieure employèrent les prières, les menaces pour la faire changer de résolution ; elle résista. On lui demanda quels motifs la portaient à repousser un saint prêtre qui était le directeur de la communauté ; elle répondit avec plus de fermeté qu'on n'aurait pu en supposer à une jeune personne de son âge, qu'elle ne devait compte de ses motifs qu'à Dieu. Comment apprendre cet acte de défiance et de révolte au dévot directeur ? Il le fallait pourtant : c'est ce que fit madame la supérieure avec tous les ménagemens qu'il lui fut possible d'employer. A la première nouvelle, l'abbé fut décontenancé ; bientôt, il dit, avec un rire sardonique, que c'était un enfantillage dont il ne serait pas difficile de faire revenir la jeune fille, et il ordonna qu'on l'amenât devant lui ; elle refusa de le voir : on l'y contraignit. Avec beaucoup de décence et de résolution, elle répéta devant lui sa déclaration. Rouge, ou plutôt violet de colère, l'abbé commanda qu'on le laissât seul avec cette petite impie. Les religieuses se disposaient à sortir; mademoiselle Désodry les retint en pleurant, les supplia, les conjura de ne pas l'abandonner. Les religieuses se regardaient en hésitant. Tout à coup, la sérénité reparut sur la figure de l'abbé. « Ma chère fille, dit-il avec douceur à » mademoiselle Pauline, Dieu nous or» donne de ne point forcer la confiance : » je crois encore mériter la vôtre; vous » me la retirez, je n'en murmure pas; » je n'insiste plus, je n'en prierai pas » moins pour vous. » Il avait rapidement calculé combien il lui fallait garder de mesure pour le succès de ses autres intrigues, et il avait comprimé sa colère. Son âme était ulcérée... il sortit le front calme, et comme un homme en paix avec lui-même. Mais les religieuses étaient désolées, elles étaient furieuses; elles craignaient que la fantaisie obstinée de cette jeune fille ne leur fît perdre leur cher directeur; et mademoiselle Désodry restait exposée à tous les mauvais traitemens que peuvent se permettre des femmes emportées et dévotes.

Heureusement, son oncle, M. Lecoq, veillait sur elle. Dès le commencement de ce débat, dont il avait été instruit par sa nièce, il avait écrit à madame Désodry. Sans attendre sa réponse, et en dépit de mademoiselle Véronique, il vint au couvent avec sa femme, paya le quartier de pension qui n'était pas échu, et de son autorité emmena sa nièce. Il la fit entrer dans un autre couvent où il imposa pour première condition qu'on ne la contrarierait pas sur le choix de son confesseur. La réponse de la mère arriva; la bonne dame désirait vivement que sa fille ne sortît du couvent que pour se marïer ; mais peu lui importait qu'elle fût dans telle ou telle maison, et elle approuvait d'avance tout ce que ferait son frère.

Lorsque j'appris tous ces détails, je fus saisi d'indignation contre l'abbé Falcol. « Eh quoi ! non content d'avoir subjugué le frère, cet insigne Tartuffe... » Je ne voulais ni chercher, ni deviner les motifs qui avaient pu porter la jeune et innocente fille à sa courageuse démarche ; j'en détournais les yeux avec répugnance... mais soudain, au milieu de ma colère, un rayon d'espoir vient luire à mes yeux : « S'il existe encore » quelque tendresse dans l'âme de Déso- » dry, me dis-je, c'est pour sa mère, » c'est pour sa sœur. Cet incident ne doit- » il pas l'éclairer ? ne pouvons-nous pas » nous en servir avec avantage ? Oui, » il est impossible qu'il conserve sa con- » fiance au prêtre que sa sœur repousse » avec effroi ! » Impatient de regagner le cœur de mon ami, je ne veux pas perdre un moment, et je compte déjà sur le succès des nouveaux efforts que je vais tenter.

Vain espoir! l'abbé Falcol m'avait prévenu. Fort tranquille sur les suites que la conduite de mademoiselle Désodry auraient pu avoir pour lui près de ses supérieurs et des religieuses, il avait craint l'effet de cette conduite sur l'esprit de Désodry, et il crut devoir aller au-devant du danger. Suivant lui, la jeune fille avait mal entendu, mal compris, mal interprété ses exhortations. Entourée de mauvais conseils, elle avait prêté un sens coupable à des expressions innocentes et pieuses. On savait que je devais incessamment faire un voyage chez ma mère : l'abbé, quoiqu'il l'eût toujours emporté sur moi, me faisait l'honneur de me regarder comme un ennemi dangereux; il avait engagé Désodry à ne point voir sa sœur avant mon départ. « C'est M. Aubin, lui » avait-il dit, c'est ce jeune philosophe, » imbu de principes détestables, qui est » l'auteur de tout le mal ; c'est lui qui » mène l'oncle et la mère de mademoi- » selle Pauline, et par leur moyen exerce » une influence funeste sur la jeune per- » sonne elle-même. » Blessé de l'injure faite au respectable abbé, Désodry n'en voulait pas à sa sœur, qu'il regardait comme une jeune fille sans volonté ; c'était à moi qu'il réservait tout son courroux.

On juge combien je fus mal reçu lorsque, plein d'une nouvelle espérance, je me présentai à lui. Il se répandit en reproches, en accusations. J'essayai de répondre ; il ne m'écouta point. J'allais insister..... Suivant l'usage, je vis venir à nous l'abbé Falcol. Cette fois, pour plus de sûreté, il s'était fait escorter du sévère abbé Danriot : c'était une trop forte partie pour moi. Craignant de m'emporter, de causer un scandale, je me retirai. Je ne perdais pas encore courage : ne pouvant parvenir à me faire entendre de mon ami, je résolus de lui écrire.

Le même jour, par l'indiscrétion de la servante de mademoiselle Véronique, des bruits de captation de la part de l'abbé Falcol, et de donation clandestine du bien de la vieille fille vinrent aux oreilles de M. Lecoq. La donation devait être faite avec toutes les précautions nécessaires pour la mettre à l'abri des lois civiles ou ecclésiastiques qui interdisent à un confesseur d'accepter une donation ou un legs d'une de ses pénitentes.

Tout alarmé, M. Lecoq accourut chez moi. Je relisais ma lettre à Désodry, que je venais d'achever. « C'est trop fort, me » dit M. Lecoq, c'est trop fort. Avant » de voir ma béguine de sœur, je veux » voir mon fou de neveu. Qu'il vive au » séminaire, qu'il aille prier et jeûner

» dans un cloître, à la bonne heure ; » j'en ai fait mon deuil ; mais au moins » qu'il voie clair sur l'hypocrite qui le » trompe. Mon cher Aubin, venez avec » moi sur-le-champ au séminaire. » Malgré le mauvais succès de ma démarche du matin, je consentis à suivre M. Lecoq. Je me flattais que ses paroles produiraient plus d'effet que les miennes.

Désodry, fort contrarié de la visite de son oncle, sembla fatigué de me voir encore. Il reçut d'abord avec un amer dédain les remontrances de M. Lecoq ; mais qui pourrait peindre son emportement, son indignation, lorsque nous lui parlâmes des dispositions qu'on supposait à sa tante Véronique, lorsque M. Lecoq, avec sa franchise accoutumée, lui parla des motifs qu'il supposait avoir décidé sa nièce à ne point garder l'abbé Falcol pour confesseur ? Non, la colère des hommes du monde, agités, tourmentés pour leurs plus chers intérêts, n'approchera jamais de la colère qui saisit les âmes dévotes quand on cherche à renverser leur idole. Je lui avais remis ma lettre en le priant de la méditer ; il la déchira sans la lire. « Arrêtez, s'écriait-il, ne blasphémez » pas ; cessez de calomnier. C'en est » fait, je renonce à ma famille, j'ab- » jure la funeste amitié que j'ai eue » pour vous, et je secoue contre vous » la poussière de mes pieds. » Tels furent les cruels adieux qu'il nous adressa. Mon cœur était déchiré. M. Lecoq furieux le traitait d'imbécile et d'ingrat ; pour se soulager, il alla quereller sa sœur Véronique.

« Eh ! morbleu ! lui dit-il, privez de » votre bien tant qu'il vous plaira votre » cher neveu Désodry qui veut se faire » prêtre, moine, capucin peut-être ; mais » ma petite nièce ! ma chère Pauline, » qui, grâce au ciel, ne veut être ni

» ursuline, ni carmélite!... Vous qui » êtes dévote, réfléchissez que vous » commettriez un horrible péché..... » Est-ce aimer Dieu que de dépouiller » sa famille? » La vieille fille commença par nier ces projets de donation; puis, elle déclara d'un ton sec qu'elle était maîtresse de ses biens et de ses volontés.

M. Lecoq ne s'était pas trompé en parlant de cloître. A cette époque à peu près, Désodry, non content de se faire prêtre, roula dans sa tête le projet de se faire moine. Trouvant la règle des Chartreux encore trop mondaine, il songea pendant quelques jours à s'ensevelir à la Trappe. « Mais non, se dit-il, » c'est à l'église militante, et non à » l'église contemplative que je veux » me consacrer; je me sens le courage » et la force d'attaquer, de combattre » et de terrasser les infidèles, d'écraser

» l'hérésie, d'anéantir le déisme et la
» philosophie. »

Désolé de l'abnégation de tout sentiment affectueux où j'avais vu Désodry, épouvanté de sa fanatique exaltation, je me félicitais que nous fussions dans un temps où il n'y avait ni guerres, ni querelles religieuses : à quels excès n'aurait-il pas été capable de se porter, si le fourbe et l'intolérant qui le dominaient lui eussent mis un glaive à la main ?

Je partis pour aller voir ma mère. Je n'osais espérer que Désodry sortît jamais de son aveuglement..... Ses yeux s'ouvrirent pendant mon absence, par un moyen que nous étions loin de prévoir.

CHAPITRE VII.

Nouveaux personnages.

Le lendemain même de mon départ, Désodry, sans consulter l'abbé Falcol, s'achemina vers le nouveau couvent de sa sœur. Se montant la tête, s'exaltant de plus en plus pour la gloire de l'église, il avait eu pendant la nuit une vision qu'il appelait miraculeuse et prophétique. L'apôtre saint Paul, le patron de sa sœur, lui était apparu; il lui avait commandé d'employer toutes les ressources de son éloquence pour toucher le cœur de la jeune fille que des conseils impies avaient détournée de la voie du salut; il lui avait prédit que sa sœur, rendue à Dieu par les remontrances fraternelles, deviendrait comme lui un des plus brillans ornemens de la maison du

Seigneur. Désodry, impatient de remplir la mission que lui avait donnée l'apôtre, ne se proposait pas seulement de ramener sa sœur au vertueux directeur dont elle s'était éloignée; il se flattait qu'à sa voix, elle n'hésiterait pas à prendre le voile et à se faire religieuse.

Mademoiselle Pauline venait d'exprimer à son frère toute la joie que lui causait sa visite; Désodry se disposait à parler avec douceur, avec force, lorsqu'il vit entrer dans la partie extérieure du parloir où il était lui-même, un homme vêtu de noir, mais avec beaucoup d'élégance. Il avait un habit de soie, de riches dentelles, un brillant au petit doigt, deux chaînes de montre en or chargées de breloques; ses cheveux bien poudrés et flottans sur ses épaules annonçaient un homme de robe. Il salua Désodry d'un air important; il salua mademoiselle Désodry avec cet air respectueux qu'un homme bien élevé ne manque jamais de prendre à l'aspect d'une femme. Après un coup d'œil approbateur qui semblait dire qu'il trouvait la jeune personne fort jolie, il se mit à jouer négligemment avec son jabot, jetant des yeux distraits sur un portrait de vierge qui ornait le parloir, et qu'il semblait dédaigner comme fort médiocre. Dans le peu de mots qu'il avait dits, Désodry avait remarqué qu'il avait la voix forte et retentissante.

Presque au même instant, dans la partie intérieure du parloir parut une jeune dame de vingt à vingt-deux ans; elle n'était point vêtue en religieuse; un ajustement fort recherché dans sa simplicité ajoutait à sa beauté. Elle était grande, bien faite; sa démarche était noble, ses traits étaient charmans. Au salut gracieux qu'elle fit à mademoiselle Désodry, à la manière tout aimable dont cette jeune fille répondit à la politesse de la dame, il était aisé de voir qu'il y avait quelque liaison entre elles. Désodry s'était brusquement et respectueusement levé. Il restait debout sans pouvoir proférer une parole, en contemplation devant cette belle personne; il m'a dit plusieurs fois qu'il avait cru voir la reine des cieux entrer dans le parloir. Il fallut qu'avec une bonté pleine de grâces, elle le pressât de s'asseoir et de reprendre son entretien avec sa sœur. Cependant elle avait salué d'un air affable l'homme de robe* placée à une extrémité de la grille, elle causait avec lui; mais ses yeux se portaient sur Désodry, et elle ne cessait de le considérer. Après le premier moment d'extase, Désodry s'était empressé de détourner ses regards; mais involontairement, il les ramenait sur la dame, puis il les détournait de nouveau; il demanda tout bas à sa sœur quelle était cette personne. « Madame Der» blay, répondit mademoiselle Pauline,

» qui a épousé un homme de finance
» très-riche, qui plaide en séparation
» contre son mari, et qui, suivant l'u-
» sage, est obligée d'habiter un couvent
» jusqu'à ce que son procès soit jugé.
» Voilà huit jours qu'elle est ici, » ajouta
Mlle. Désodry; « son grand air nous
» avait d'abord effrayées; à peine si nous
» osions lui parler; mais elle est vrai-
» ment douce et bonne; elle a déjà eu le
» talent de se faire aimer de toutes nos
» dames, et elle me témoigne à moi par-
» ticulièrement beaucoup d'amitié. »

L'homme de robe était l'avocat de madame Derblay; il venait la prévenir qu'il fallait que, le lendemain, elle se transportât dans le cabinet de M. le lieutenant civil du châtelet de Paris : elle s'y trouverait avec son mari, et le magistrat devait essayer de les réconcilier. La conversation de madame Derblay avait commencé à voix basse; mais l'avocat, qu'elle nommait M. Duclair, ne pouvait assourdir sa voix, et la dame elle-même ne put s'empêcher de dire avec un accent très-prononcé : « Nous réconcilier ! qu'on ne l'espère » pas ; quand une femme a été aussi » cruellement outragée...! Mais, grand » Dieu ! moi, paraître devant lui !..... » Y serez-vous, mon cher avocat? — » Oui, oui, madame, j'y serai ; je vous » soutiendrai de mon zèle et de mes » paroles : et comment n'aurais-je pas » d'éloquence en défendant la cause » d'une femme aussi remarquable par » ses charmes, son esprit, ses vertus!... » —Dites surtout par ses malheurs.—Al- » lons, j'aurai du courage, j'aurai la for- » ce de révéler à notre respectable juge, » et en présence même du tyran dont je » ne veux plus être l'esclave, les procédés » odieux, horribles.... » Alors, se tournant vers mademoiselle Désodry : « Eh » bien, ma chère Pauline, c'est donc là » ce frère chéri dont vous m'avez tant

» parlé? Il vous ressemble; oui, il vous » ressemble beaucoup. — C'est ce que » tout le monde trouve, dit mademoi- » selle Pauline. » Désodry ne parla pas; mais son teint s'était couvert d'une vive rougeur. « Oh! comme il rougit! » reprit en souriant madame Derblay; « c'est » comme une jeune fille. » M. l'avocat Duclair souriait aussi, et paraissait jouir de la confusion du jeune ecclésiastique. « M. l'abbé, » continua madame Derblay en prenant un ton plus sérieux, « au » milieu des peines dont je suis acca- » blée, il m'est doux d'avoir trouvé » dans cette maison des compagnes » qui veulent bien prendre intérêt à » mon sort, et surtout une bonne amie » comme votre aimable sœur. — Ma- » dame, » dit Désodry en baissant les yeux et roulant son chapeau dans ses mains, « c'est ma sœur qui doit être » charmée..... oui.... ce doit être pour » elle un sujet..... de béatitude..... »

Il s'arrêta et ne put achever sa phrase. « Surtout, ma chère, reprit madame » Derblay, souvenez-vous des conseils » que je vous ai donnés. Servez-vous de » l'ascendant que vous avez sur vos pa- » rens ponr empêcher qu'on ne con- » trarie votre frère. C'est vraiment un » crime de s'opposer aux inclinations » des jeunes gens. Plût au ciel qu'on » n'eût point contraint les miennes ! » je serais libre encore, heureuse ; je » ne serais pas obligée de faire retentir » les tribunaux de mes justes plaintes, » moi, ennemie du bruit et de l'éclat ! « ah ! plaignez-moi.... » Ici, elle versa quelques pleurs, et le jeune fanatique retrouva toute sa sensibilité : il était pénétré de la plus tendre compassion. L'entretien continua ; madame Derblay y montra beaucoup d'esprit, beaucoup d'âme. Désodry parla peu, très-peu ; mais comme il écoutait ! comme il regardait ! L'heure de la retraite sonna :

« Eh quoi, déjà! s'écria madame Der- » blay. » Désodry fit ses adieux à sa sœur. « M. l'abbé, dit la belle dame, » je me félicite du hasard qui m'a pro- » curé le plaisir de causer avec un jeune » homme d'une conduite aussi exem- » plaire. Mon cher avocat, demain je » vous attends pour aller avec vous » chez mon juge. Donnez-moi votre » bras, ma chère Pauline ; avant sou- » per, j'aurai encore le temps de vous » donner votre leçon de musique. » Madame Derblay était très-forte musicienne, et tant pour s'occuper que pour plaire aux bonnes religieuses, elle avait offert de donner des leçons aux jeunes pensionnaires, ce qui avait été accepté avec autant d'empressement que de reconnaissance.

En descendant du parloir avec l'avocat, Désodry lui exprima tout l'intérêt que lui avait inspiré une femme si jeune, si belle et si malheureuse.

L'avocat Duclair répondit par un plaidoyer en faveur de sa cliente, et une espèce de philippique contre le mari. C'était, disait-il, un homme vieux, laid, brutal, borné, despote et jaloux. La femme était vertueuse, aimable, spirituelle, très-instruite, et au milieu de l'éclat que lui donnaient sa fortune, ses rares talens, ses brillantes qualités, exerçant la bienfaisance avec une bonté angélique. M. l'avocat déclamait avec tant de force et d'enthousiasme qu'il effraya presque la tourière qui disait dévotement son chapelet dans un coin de sa petite chambre. « Ah! monsieur, » dit Désodry en quittant Duclair, « dé-
» fendez-bien cette femme intéressante;
» vous trouverez grâce devant Dieu, si
» vous obtenez qu'on ne la force pas à
» retourner avec son odieux mari. »

Qu'était devenu le grand projet qui avait amené Désodry au couvent, le pieux dessein d'engager sa sœur à se faire religieuse? il était tout-à-fait sorti de sa pensée. Rentré au séminaire, il y songea, il voulut y songer; mais il fut bientôt distrait et occupé tout entier par le souvenir de madame Derblay. Il se rappelait sa beauté, il était émerveillé de son esprit, il s'intéressait à ses malheurs.

Le lendemain, plein d'inquiétude, il écrivit à sa sœur pour lui demander des nouvelles de l'entrevue de madame Derblay avec son mari, chez le juge. Cette entrevue, sur laquelle madame Derblay donnait peu de détails, n'avait eu rien d'extraordinaire; l'affaire continuait de se poursuivre, mais elle devait être longue, grâce à la sage lenteur des formes en matière de séparation: plût au ciel qu'en toute autre matière civile elles fussent abrégées! Désodry ne put s'empêcher de s'en féliciter, pensant que madame Derblay serait forcée de prolonger son séjour au couvent.

» Ma sœur, se disait-il, en aura d'au-» tant plus de temps pour se perfec-» tionner dans la musique. »

Le zèle religieux de Désodry n'était point ralenti; mais ses visites à sa sœur devinrent fréquentes. Il n'osa lui parler ni de l'abbé Falcol, ni de son désir qu'elle prît le voile. Quelquefois il rencontrait madame Derblay au parloir, et il retournait tout joyeux au séminaire; il revenait sombre et triste quand madame Derblay n'avait point paru.

CHAPITRE VIII.

Coquetterie. Tentations.

Madame Derblay, j'en ai la conviction, n'avait jamais manqué à ses devoirs envers son mari; mais elle était souverainement coquette, et j'emploie ce mot dans toute l'étendue de son acception. La coquetterie est un art dans lequel toutes les femmes, quand elles veulent, font de rapides progrès, et presque toutes le veulent. La jeune fille libre encore d'affections qui cherche à plaire sans vouloir tromper, est une aimable et innocente coquette. La femme qui cherche à conserver et à augmenter les affections de l'homme qu'elle a choisi, est une tendre et honnête coquette; elle est coquette par excellence, celle qui fait naître des espérances qu'elle est loin de vouloir réaliser, qui ne cherche qu'un passe-temps cruel en excitant des sentimens et des passions par l'apparence de passions et de sentimens qu'elle n'éprouve pas : telle était la jeune et belle Herminie Haudard qui, deux ans auparavant, avait épousé M. Derblay. De plus, elle était avide de vogue et de renommée, et elle voulait perpétuellement agir et intriguer. Élevée par un père qui poussait à l'excès les principes philosophiques, mariée à un homme, qu'avec une espèce d'ingénuité, elle avouait n'avoir jamais aimé, elle était heureuse de plaider contre lui, tant pour faire du bruit, que dans l'espoir d'obtenir une grande indépendance. « Une femme séparée de » son mari par un bon jugement, disait- » elle, jouit de tous les avantages, de » toute la liberté du veuvage. » Pendant les deux années qu'elle avait passées avec son mari, au milieu des fêtes, des plaisirs, des dépenses de tout genre que leur permettait leur grande fortune, combien d'hommes qu'on croyait sages, combien de jeunes étourdis, combien même d'insensés vieillards avaient été flattés par elle, et impitoyablement abandonnés et persiflés! La coquetterie était passée tellement en habitude chez madame Derblay, qu'après avoir formé sa demande en séparation, elle avait fait la coquette avec son avocat; celui-ci très-présomptueux, mais aussi fin qu'elle, avait senti le piége et l'avait évité.

Tandis que madame Derblay cherchait à faire parler d'elle comme d'une victime intéressante du lien conjugal, M. Duclair cherchait à faire parler de lui comme d'un éloquent et habile avocat. Aussi, avec quelle ardeur il avait brigué la cause de madame Derblay auprès des puissans amis qu'elle avait eu le talent de se faire! Elle avait intéressé à son sort des femmes, des grands seigneurs, des prélats, et même un ministre du roi. Du premier coup d'œil, madame Derblay avait apprécié le mérite de M. Duclair. Doué de beaucoup d'esprit, mais de peu de sens, d'une éloquence peu solide, mais d'un brillant bavardage, faisant des libelles romanesques plutôt que des mémoires, des épigrammes plutôt que des raisonnemens, n'était-ce pas un avocat digne d'une telle plaideuse? Mais il ne voulait être que son avocat, et il s'était obstiné à ne répondre que par des complimens pleins de galanterie aux agaceries de sa cliente. Je ne sais pourtant ce que seraient devenus la tête et le cœur de l'avocat Duclair, si madame Derblay n'avait été distraite par un autre dessein.

Quelque occupation que lui donnât son procès, elle se trouvait bien isolée, bien désœuvrée dans son couvent. En comparant la monotonie de son existence au brillant état qu'elle avait tenu dans le monde, elle soupirait avec impatience après le moment de la publication des mémoires, des audiences et des plaidoiries qui feraient parler d'elle dans tous les cercles de la capitale, peut-être même dans le peu de journaux qui paraissaient alors. Mais jusque-là, il fallait vivre obscure, ne voir que ses juges, son avocat, son procureur, sa mère et quelques parens. Par suite de l'amitié qui s'était formée entre elle et mademoiselle Désodry, cette jeune personne lui avait confié son extrême tendresse pour son frère, l'extrême dévotion de celui-ci, et le chagrin que cette dévotion causait à la famille. Pour passer le temps, pour s'amuser, pour s'occuper, pour entretenir son esprit d'intrigue et ses talens de coquetterie, elle avait résolu de séduire, de toucher le cœur du jeune abbé, de se substituer à Dieu dans son âme. Voilà ce qui explique pourquoi elle se montrait si aimable au parloir quand elle y rencontrait le frère de sa chère Pauline.

Qu'il était loin de penser, mon cher Désodry, à tout ce que cette belle et artificieuse coquette méditait contre lui! et cependant, sans qu'il s'en doutât, dès la première entrevue, son cœur s'était amolli. Il était persuadé que sa dévotion n'avait reçu aucun échec. Il avait été frappé de la rare beauté de la dame; mais il avait cru ne rendre hommage qu'à Dieu, en l'admirant dans l'un de ses plus parfaits ouvrages. Il avait été touché des malheurs de la belle plaideuse; mais il se disait que Dieu ne blâmait pas une juste et innocente sensibilité, pourvu qu'on la rapportât toujours à lui.

Madame Derblay était habile à faire naître des prétextes pour se trouver au parloir en même temps que mademoiselle Désodry. Tantôt c'était sa mère, sa cousine ou quelque autre parente qu'elle venait recevoir ou attendre; tantôt, elle avait indiqué, pour ses conférences avec son avocat ou son procureur, le jour et l'heure où Désodry venait rendre visite à sa sœur; quelquefois, elle ne se cachait pas pour déclarer qu'elle était bien aise de ne pas quitter sa jeune amie. Un jour, elle alla jusqu'à dire à la sœur qu'elle goûtait beaucoup les pieux discours de son frère. Quelle subite rougeur monta au front de Désodry, lorsqu'en présence même de madame Derblay, sa sœur s'empressa naïvement de répéter ces paroles! Madame Derblay aussi semblait confuse de l'indiscrétion de la jeune fille. Désodry remercia fort gauchement la dame de la bonne opinion qu'elle avait de lui; mais quelle douce suavité remplissait son âme! Cette douce suavité le suivit dans ses études, au pied des autels; il continuait de prier avec ferveur, mais le souvenir de madame Derblay l'accompagnait dans ses prières; il continuait de haïr le péché et surtout le pécheur, mais le plus grand pécheur à ses yeux était le mari despote et cruel de l'intéressante Herminie.

Il y avait dans la partie intérieure du parloir, un clavecin, une harpe; les religieuses étaient bien aises de pouvoir faire admirer aux parens les progrès de leurs enfans. Madame Derblay voulut faire admirer à Désodry les progrès de sa sœur. Mademoiselle Désodry chanta en s'accompagnant sur le clavecin. Désodry était transporté; mais que devint-il lorsque madame Derblay elle-même promenant avec rapidité ses doigts charmans sur les cordes de la harpe, après le plus facile et le plus brillant prélude, chanta une des hymnes sacrées de Racine sur laquelle dans ses momens de loisir elle s'était amusée, disait-elle, à composer un air qui lui paraissait touchant! Quelle voix! quelle manière céleste de faire valoir la sublimité des paroles ! Qu'elle était belle lorsque ses grands yeux s'élevaient vers le ciel pour chanter la gloire et la puissance du Seigneur ! qu'elle était intéressante lorsque, ramenant ses yeux vers la terre, elle chantait l'humilité de la créature devant le Créateur ! Il semblait à Désodry voir et entendre sainte Cécile charmant le séjour divin par ses pieux concerts.

Au milieu de l'extase que causaient à Désodry les complimens, les marques d'intérêt que lui prodiguait madame Derblay, il lui arriva de penser avec un mouvement d'effroi qui n'eut que la durée d'un éclair, au péché dans lequel l'avait entraîné la fausse religieuse si effrontée, mais si jolie qu'il avait vue pendant le carnaval. « Quelle différence ! » s'écria-t-il aussitôt ; cette impudique » religieuse, profitant du sommeil de ma » vertu, avait surpris un moment mes

» sens; mais ici tout est innocent, » rien n'est coupable, et je regarde » comme si pur le sentiment qui m'a- » nime, que je ne me crois pas obligé » de le révéler à mon sévère confes- » seur. Ne verrait-il pas, et n'y aurait- » il pas en effet un mouvement de vanité » de ma part dans l'aveu de l'estime et » de l'amitié que veut bien avoir pour » moi cette digne amie de ma sœur? »

La veille de l'Assomption, madame Derblay paraissait fort contrariée de ne point voir arriver son avocat; elle avait à lui remettre un papier très-important. Désodry offrit avec zèle de s'en charger. Combien il fut touché de la reconnaissance que madame Derblay lui témoigna pour un si léger service! En arrivant chez l'avocat, Désodry fut frappé de voir un beau logement, un ameublement somptueux, une nombreuse et riche bibliothéque. Il s'en félicita pour madame Derblay : plusieurs fois, il lui était arrivé de penser que M. Duclair n'avait pas tout-à-fait la brillante clientelle dont il se vantait : en le voyant si bien meublé, il ne douta plus de son mérite. Toutefois, Désodry se trompait à ces apparences : M. Duclair avait du faste et des dettes. Le lendemain, comme à toutes les grandes solennités, Désodry et plusieurs de ses camarades avaient été grossir le clergé de la paroisse Saint-Étienne-du-Mont ; après la grand'messe, il s'échappa, et courut au couvent pour rendre compte de la mission dont on avait bien voulu le charger. Cette fois, il pria la tourière d'avertir madame Derblay en même temps que sa sœur. Madame Derblay se présenta seule au parloir ; mademoiselle Désodry était encore à l'office.

Involontairement, Désodry se sentit troublé en se voyant seul près de madame Derblay ; il ne put lui raconter qu'avec une timidité visible sa visite à l'avocat. Elle mit tant d'expression dans ses remercìmens, qu'il sentit son trouble s'augmenter; mais ce trouble s'augmenta bien davantage lorsqu'en baissant les yeux, et avec un embarras presque égal au sien, elle lui dit qu'elle avait désiré plus d'une fois cette occasion de se trouver seule avec lui. A ces mots, un tremblement général s'empara de Désodry. Heureusement, elle se hâta d'ajouter que, suivant elle, ce qu'elle avait à lui confier ne pouvait qu'être agréable au Seigneur. « Il ne s'agit de rien moins » que de sauver mon âme, continua- » t-elle. Le sort a voulu que je reçusse » ma première éducation de parens » fort honnêtes gens sans doute, mais » dont les principes étaient peu reli- » gieux. J'aurais besoin d'un ami, d'un » guide qui, en m'expliquant les gran- » des et éternelles vérités de notre re- » ligion, multipliât pour moi les bons

» momens de piété auxquels je me livre, » surtout depuis que, par suite de mes » malheurs, je suis entrée dans cette » sainte maison. Mais il ne faudrait pas » que ce guide fût trop grondeur, trop » austère, que même il fût d'un âge » trop éloigné du mien ; car, alors, je » verrais en lui un maître, non un » ami, et je sens que je manquerais de » confiance. Venez à mon secours ; in- » diquez-moi un sage ecclésiastique... » Hélas! je voudrais un homme qui me » conduisît par une pente presque insen- » sible, et en mêlant l'indulgence et l'a- » mitié... » Ici, ses regards se portèrent avec émotion sur Désodry. « Et pourquoi » ne serait-ce pas vous? continua-t-elle ; » vous, le frère chéri de mon aimable » Pauline, à qui toutefois je vous prie de » bien cacher la confidence que je viens » de vous faire. Je l'éprouve bien à pré- » sent, je rougirais si l'incertitude de » mes principes était connue de quelque

» autre que vous. » Enchanté, transporté, confus, Désodry ne put proférer que des mots sans suite : « Qui? moi! ma-» dame.... Un tel choix.... Ah! suis-je » digne?.. et cependant, combien je me » sens honoré! ... Ah! madame, que » j'étais loin de m'attendre! .... Oui, » Dieu me fera la grâce de donner à » mes paroles la persuasion qui coulait » de la bouche des apôtres... » Comme il prononçait ces derniers mots, mademoiselle Désodry parut; Madame Derblay n'eut que le temps de remercier le jeune abbé par un coup d'œil expressif.

Il s'établit sur-le-champ une autre conversation. Elle roula, comme pendant toutes les visites précédentes, sur l'amitié de madame Derblay pour mademoiselle Désodry, sur les éloges qu'elle faisait des excellentes qualités de son frère. Madame Derblay se plaignait fréquemment de sa santé. Le médecin lui avait ordonné, disait-elle, de prendre de l'exercice, et elle annonça qu'à dater du lendemain, elle devait aller faire une promenade tous les matins au Jardin du Roi. Cette nouvelle chagrina beaucoup mademoiselle Désodry, qui s'était fait une douce habitude de passer avec son amie une partie de la matinée; mais elle causa un grand plaisir à Désodry qui, apparemment, croyait ne pas être privé aussi absolument que sa sœur de la société de madame Derblay. Il sortit du parloir, en se glorifiant de pouvoir conquérir à Dieu une aussi belle âme.

Dès qu'il fut permis à Désodry de s'absenter un matin du séminaire, il courut au Jardin du Roi. Il aperçut bientôt dans une des allées les plus solitaires, madame Derblay qui se promenait appuyée sur le bras de sa femme de chambre. Sa démarche lente et grave contrastait avec celle de la jeune femme de chambre qui, d'un air éveillé, portant les yeux avec curiosité de tous les côtés, semblait chercher si elle ne rencontrerait pas au moins une figure humaine dans cette longue et solitaire allée. A l'aspect de Désodry qui l'aborda en la saluant respectueusement, le plus aimable sourire rendit tout son charme à la figure de madame Derblay. Elle semblait lui savoir gré d'avoir compris l'espèce de rendez-vous qu'elle lui avait donné. Elle se promena long-temps avec lui; la femme de chambre se tenait à quelques pas en arrière. Désodry commença le rôle d'apôtre qu'elle l'avait invité à prendre auprès d'elle. Elle se garda de rire ou de plaisanter. Elle lui répondait gravement et employait avec art des expressions dévotes, ce qui charmait le bon jeune homme.

Il y eut plusieurs conférences de ce genre au même lieu. On me pardonnera sans doute de ne pas les raconter.

Qu'il suffise de savoir que, soit par l'adresse de la belle néophyte, soit par l'inexpérience du jeune docteur, Désodry se trouvait un peu reculé dans son espoir de convertir madame Derblay. Avec une apparence de naïveté dont il ne pouvait manquer d'être dupe, tant elle y mettait de naturel, elle lui soumettait ses doutes qu'elle avait soin d'appuyer de tous les efforts des raisonnemens humains. Avec une simplicité ingénue, elle lui adressait des questions qui le laissaient convaincu de la bonne foi de la dame, mais auxquelles il n'était pas de force à répondre, et elle jouissait du trouble qu'elle mettait dans la tête de son novice directeur; si bien qu'après deux ou trois de ces longues et graves conférences, je ne sais pas si la foi de madame Derblay était fortifiée; mais il est certain que la foi de Désodry était tant soit peu affaiblie.

Madame Derblay jouissait délicieusement de l'empire qu'elle avait déjà sur le jeune abbé, lorsqu'un matin, tandis qu'ils se promenaient dans cette allée du Jardin du Roi où il ne passait presque personne, surtout à l'heure où ils s'y trouvaient, Désodry aperçut de loin un ecclésiastique qui venait au-devant d'eux. Involontairement, il en conçut quelque crainte; il sentit redoubler son effroi quand il eut reconnu l'abbé Falcol. Pour cette fois, Désodry ne rougit point, mais il pâlit excessivement : son trouble n'échappa point à madame Derblay. Quant à l'abbé Falcol, en reconnaissant Désodry... saisi de surprise, il s'arrêta; il était à la fois frappé de la beauté de la dame, et fort étonné de rencontrer Désodry avec elle. Cependant, se remettant peu à peu de leur surprise, les deux abbés se saluèrent sans s'aborder. Avant d'arriver à la grille du jardin, l'abbé Falcol détourna souvent la tête, sans doute pour admirer la taille et la démarche de la belle dame. Désodry marchait les yeux baissés, en silence; madame Derblay lui demanda d'un air indifférent quel était cet abbé qu'il venait de saluer; il nomma l'abbé Falcol. « Ah! ah! » répondit-elle en gardant toujours son air d'indifférence, « celui » dont votre sœur n'a plus voulu pour » confesseur? » Ici, Désodry crut devoir vanter la franchise et le mérite de l'abbé Falcol. Madame Derblay reprit sans affectation le sujet de conversation que la rencontre de l'abbé avait interrompu. Ils firent encore quelques tours de promenade, et ils se séparèrent.

Le nom de l'abbé Falcol n'était pas nouveau pour madame Derblay; mademoiselle Désodry lui en avait parlé quelquefois; elle disait que c'était un homme faux et méchant. Le trouble extrême qui s'était emparé de Désodry à la seule apparition de l'abbé Falcol, l'éloge qu'il s'était empressé de faire de ses vertus avaient convaincu madame Derblay de l'ascendant que l'abbé avait conservé sur lui. Pour assurer sa domination, il fallait qu'elle détruisît celle de M. Falcol; dès ce moment, la guerre commença entre la coquette et l'hypocrite.

CHAPITRE IX.

Guerre d'une coquette contre un hypocrite.

Il eût été facile à l'habile coquette de mener où elle aurait voulu M. l'abbé Falcol; mais cette femme jeune, belle, fière de tous les moyens de succès que la nature et l'art lui avaient prodigués, ne s'arrêta point un instant à l'idée de tourner la tête du maître de conférence; elle voyait quelque gloire à triompher de la dévotion de Désodry; elle aurait cru s'avilir elle-même par une odieuse hypocrisie en flattant un méprisable hypocrite comme l'abbé Falcol. Sans s'abaisser à le séduire, elle résolut de le démasquer.

Désodry avait laissé plusieurs fois échapper devant madame Derblay quelques mots sur les intrigues du séminaire. Elle savait que ces intrigues se poursuivaient avec activité. L'abbé Danriot ne gardait plus aucun ménagement : il tonnait en chaire contre les chefs de pieuses maisons qui poussaient la tolérance et une prétendue bonté jusqu'à l'entier abandon de leurs devoirs. Des plaintes, des délations étaient portées à l'archevêché contre le vénérable supérieur, et l'on ne doutait pas qu'il ne fût bientôt dépossédé. Rentrée au couvent, madame Derblay interrogea de nouveau mademoiselle Désodry sur la liaison de l'abbé Falcol avec sa tante Véronique, sur les motifs qui avaient porté la jeune personne à refuser avec tant d'obstination de conserver l'abbé Falcol pour son confesseur. Bien instruite par les discours du frère, devinant ce que la sœur n'osait révéler : « Tout est prouvé pour » moi, se dit-elle ; il veut dépouiller » les héritiers d'une vieille fille ; il veut

» renverser son supérieur, et ce saint » homme est un infâme et vicieux per» sonnage. Il ne s'agit que de le prou» ver aux autres ; j'y parviendrai. Il est » impossible que les méchans ne lais» sent pas quelques traces après eux, » malgré tous leurs soins pour les ef» facer. »

Avec la fierté qui la caractérisait, avec l'adresse qui, malgré sa vivacité, présidait à toutes ses actions, elle dédaigna de prendre par elle-même des renseignemens plus positifs ; elle pensa qu'il lui serait plus avantageux de ne point paraître et de se faire donner ces renseignemens par d'autres. Elle chargea mademoiselle Agathe, sa femme de chambre qui lui était dévouée, de faire causer les tourières du premier couvent de mademoiselle Désodry dont l'abbé Falcol était resté le directeur. Elle la chargea de faire causer la servante de mademoiselle Véronique qui devait savoir tous les secrets de sa maîtresse, soit qu'on les lui eût confiés, soit qu'elle les eût devinés. Monsieur l'avocat Duclair était un homme empressé, officieux, actif et remuant; il avait pour patron parmi ses confrères un respectable jurisconsulte, l'un des conseils de la sorbonne et de l'archevêché. Madame Derblay chargea Duclair de s'informer adroitement des manœuvres qu'on avait employées auprès des autorités ecclésiastiques contre le supérieur du séminaire, et du point précis où en étaient les choses. Après avoir ainsi donné ses instructions à deux agens dont elle était sûre, elle crut pouvoir continuer ses promenades au Jardin du Roi.

C'est là que mademoiselle Agathe racontait à sa maîtresse quelques particularités relatives à mademoiselle Véronique et à sa servante, qui étaient de nature à égayer singulièrement madame Derblay, lorsqu'en descendant du labyrinthe, elles découvrirent d'assez loin M. l'abbé Désodry accompagné de M. l'abbé Falcol. Madame Derblay ne fut point surprise de voir ces messieurs ; elle s'y attendait ; mais elle feignit de ne pas les avoir aperçus, et elle continua sa marche au-devant d'eux.

Les confidences que venait de lui faire sa femme de chambre, l'idée que peut-être le fourbe avait l'audace de concevoir quelque odieuse espérance, lui avaient causé une prompte et vive colère contre l'abbé, et même contre Désodry, qui se laissait maîtriser par un pareil personnage. Un peu de pitié pour Désodry, un profond mépris pour l'abbé Falcol, tempéraient son courroux.

A une certaine distance, Désodry s'avança seul ; l'abbé Falcol resta en arrière. Madame Derblay accueillit

Désodry avec la même bonté, la même aisance qu'aux précédentes conférences. Jamais Désodry n'avait paru plus embarrassé. Madame Derblay, en souriant, lui demanda la cause de son trouble. D'un air timide, les yeux baissés, et, selon son usage, roulant son chapeau entre ses mains, il allait s'expliquer, lorsque madame Derblay, feignant de ne voir qu'à l'instant même M. Falcol : « Prenez garde, dit-elle, » voilà cet abbé de l'autre jour qui » nous épie. » — « Non, ... non, ma- » dame, répondit Désodry, il ne nous » épie pas ; ... il est venu avec moi... » Alors, toujours fort timidement, il raconta que le vertueux abbé Falcol, son guide, son conseil, son directeur, les ayant rencontrés à leur dernière promenade, il n'avait pu se dispenser d'entrer en explication avec lui, que l'abbé, touché du noble motif qui avait engagé ces conversations instructives,

ces rendez-vous dont le but était si respectable, s'était bien gardé de les blâmer, qu'il les approuvait, qu'il les admirait... « Seulement, dit Désodry,
» il s'est permis de remarquer que je
» suis encore bien jeune, bien peu
» éclairé pour m'ériger en docteur; et,
» n'écoutant que sa religieuse ardeur,
» il s'est offert généreusement pour
» me seconder, m'appuyer, me sou-
» tenir de son expérience et de ses lu-
» mières. » Comme Désodry et madame Derblay marchaient tout en causant, ils se trouvèrent en ce moment près de l'abbé Falcol. « Ainsi donc, ajouta Dé-
» sodry, j'ose vous prier de vouloir
» bien désormais admettre en tiers,
» dans nos conférences, l'ami que j'ai
» l'honneur de vous présenter. » Ici, l'abbé Falcol salua respectueusement, et, jetant un regard oblique sur les charmes de la dame, murmura quelques excuses de son indiscrétion, quel-

ques protestations de son zèle, puis laissa échapper vers le ciel quelques soupirs. Madame Derblay, qui avait écouté avec beaucoup d'attention, jeta sur Désodry un sourire où il y avait plus de pitié que de bonté. Ce sourire fut suivi immédiatement d'un regard foudroyant de mépris qu'elle laissa tomber sur l'abbé Falcol; et prenant un ton grave et solennel : « Monsieur » Désodry, dit-elle, mon amitié pour » votre sœur, la bonne opinion que » j'avais prise de l'ardeur, surtout de » la sincérité de votre piété, vous » avaient valu ma confiance; mais je » ne vous avais pas autorisé à trans- » mettre à un autre cette confiance » que je ne voulais avoir qu'en vous » seul. Je ne connais point monsieur, » et je n'ai nulle envie de le connaître. » En lui révélant le but de nos confé- » rences, vous m'avez offensée, et » monsieur m'offense en venant s'offrir

» indiscrètement pour une mission à » laquelle je ne l'ai pas invité. Ne vous » étonnez pas si cet entretien est le » dernier que nous ayons ensemble. Je » n'en resterai pas moins l'amie de vo- » tre charmante sœur. » A ces mots, elle s'appuya sur le bras de mademoiselle Agathe, et s'éloigna.

Les deux abbés demeurèrent longtemps interdits : « Vous le voyez, » dit l'abbé Falcol, qui le premier retrouva la parole, « votre liaison avec cette » femme était pour vous une occasion » de péril. Votre but était louable sans » doute, mais il était téméraire. Qui » sait ce qu'elle méditait, jusqu'où elle » aurait pu vous entraîner? Grâce au » ciel, et j'oserai dire grâce à moi, qui » ai su vous arracher votre secret, le » danger est passé. Elle craint ma vigi- » lance, elle me redoute, elle rompt » elle-même ces imprudens entretiens. » Ah! je suis tenté de la remercier du

» courroux dédaigneux qu'elle m'a té» moigné, puisque je dois à ce courroux » le salut de mon jeune ami. » Désodry s'humilia devant les paroles de l'abbé Falcol; mais, malgré toute sa bonne volonté, il ne pouvait se réjouir de la rupture de ses conférences avec madame Derblay. Ce mouvement de l'âme de Désodry n'échappa point à l'œil clairvoyant de l'abbé Falcol. L'indignation, le mépris que lui avait montrés madame Derblay, lui prouvaient qu'elle était son ennemie. Il ne la redoutait point pour ses autres intrigues, mais il craignit qu'elle n'essayât de lui ravir sa domination sur Désodry; pour se conserver son esclave, il s'empressa d'aller à confesse.

Je ne sais ce qu'il dit au fanatique abbé Danriot; mais lorsqu'après avoir entendu sa confession, l'abbé Danriot, se tournant de l'autre côté du confessionnal, y trouva Désodry agenouillé, l'austère confesseur était plein de fureur et de zèle. Il reprocha violemment à Désodry son orgueil, ses liaisons mondaines, la témérité avec laquelle il s'exposait aux tentations; il menaça le jeune dévot du courroux de Dieu; il lui annonça les plus terribles châtimens dans ce monde et dans l'autre; il lui refusa durement l'absolution. Épouvanté, saisi de repentir, Désodry promit le soir même à l'abbé Falcol qu'il ne reverrait jamais madame Derblay.

L'abbé savait que la belle plaideuse habitait le même couvent que mademoiselle Désodry. Il essaya de nuire à madame Derblay près de sa famille, près de ses juges, près de la famille de son mari, et il se flattait de la forcer au moins à changer de couvent. Il n'y pouvait employer encore que de sourdes manœuvres; mais il se proposait d'agir plus ouvertement dès qu'il serait nommé supérieur : car tout se préparait à merveille pour l'accomplissement de ses plus chers désirs; il allait être satisfait dans son ambition et dans son avidité.

Plus que jamais dominée par lui, mademoiselle Véronique était décidée à se retirer au couvent dont il était directeur, en faisant donation de la moitié de son bien au couvent, et donation de l'autre moitié à l'abbé Falcol lui-même : le jour était pris pour signer les actes. Toutes les cabales de l'abbé pour être nommé supérieur avaient réussi. Longtemps l'abbé Omont avait ignoré ces manœuvres : c'est un malheur attaché aux bonnes gens de ne point se douter des intrigues des méchans. Il les avait enfin reconnues, mais il était trop tard pour s'y opposer. L'affection des séminaristes l'avait fui; il était bon et tolérant, mais il avait une opinion à lui. On lui préférait l'abbé Falcol : celui-ci toujours de l'opinion de la personne qui lui parlait, sombre et austère avec les fanatiques, tendre et pieux avec les mystiques, semblait à chacun un homme de son parti. L'hypocrite avait mené les choses de manière que la place avait été d'abord offerte à l'abbé Danriot ; et l'adroit pénitent, qui savait que son rigide confesseur voulait se livrer exclusivement aux travaux de la prédication, n'avait pas eu besoin de beaucoup de peine pour porter celui-ci à refuser ; le choix dès lors ne pouvait plus tomber que sur lui. Il avait feint des scrupules, des résistances, mais enfin il s'était laissé vaincre. Encore quelques jours, et sa nomination devait être annoncée publiquement ; elle n'était déja plus un secret, et le pieux Omont, abreuvé de dégoûts, péniblement affecté de la conduite de tous ces ingrats, était résigné à quitter la place, comme l'abbé Falcol semblait résigné à l'accepter.

Désodry jouissait déjà du prochain triomphe de son vertueux ami; mais il regrettait malgré lui ses visites au parloir, et ses doux entretiens du Jardin du Roi.

CHAPITRE X.

Triomphe de l'hypocrite. Triomphe de la coquette.

Il est peu d'hommes à qui, au moins une fois dans leur vie, il ne soit arrivé de se sentir entraînés par un attrait quelconque vers un lieu que la raison, que le devoir, qu'un serment leur faisaient une loi d'éviter, un bureau de loterie, un café, une maison de jeu, ou une autre. Les tourmens, les combats qu'ils ont éprouvés alors, Désodry les éprouvait depuis qu'il s'était promis de ne plus revoir madame Derblay. Dès sa première sortie, sans y penser, ou en y pensant, il se trouva devant la grille du Jardin du Roi. Il s'arrêta, réfléchit, s'éloigna, gagna les nouveaux boulevards et se trouva devant la grille qui donne sur le bord de l'eau. Là, il songe qu'il est tard, qu'il n'a pas le temps de faire un long détour, ... il se décide à traverser rapidement le jardin. Heureusement, il n'y aperçut pas madame Derblay.

Il fit une visite à sa sœur; il se proposait de fuir si madame Derblay paraissait au parloir. Aurait-il fui? je ne sais, mais elle n'y parut pas. En femme habile, ne devait-elle pas faire désirer sa présence? Combattu par mille idées contraires, Désodry tour à tour se félicitait et se désolait de ne pas la voir.

Quelques jours se passent : un message de monseigneur mande monsieur l'abbé Falcol à l'archevêché. Plus de doute; c'est sa nomination qu'on va lui annoncer. Il part triomphant, gonflé d'orgueil et de joie, accompagné des bénédictions, des félicitations de tous les jeunes séminaristes, des domestiques de la maison, du vieux portier même, qui tous s'inclinent devant lui, comme devant leur nouveau supérieur. On attend son retour avec impatience; déjà on lui prépare des vers, des bouquets, des fêtes; un long temps s'écoule... Il revient, agité, le visage en feu, ne regardant personne; il traverse rapidement la cour, il monte à sa chambre; il est suivi d'un homme qui ne marche pas tout-à-fait aussi vite. Quelques-uns croient reconnaître dans ce personnage, l'huissier de l'officialité qui avait amené au séminaire le pauvre abbé Dubourg. Inquiet, troublé, Désodry monte à la chambre de son cher abbé Falcol. L'abbé refuse de lui ouvrir, de lui parler. A peine les séminaristes ont-ils repris leurs études, que, par les fenêtres de leurs salles de conférence, ils voient l'abbé Falcol traverser de nouveau la cour; il est toujours suivi du même personnage; de plus, un commissionnaire est chargé de sa malle : tous trois gagnent la grande porte, et disparaissent.

Tout à coup, le bruit se répand que non-seulement l'abbé Falcol n'est pas nommé supérieur, mais qu'il est condamné à faire pénitence pendant deux ans, dans un séminaire de province. Ce bruit acquiert bientôt plus de consistance ; car l'abbé Omont et l'abbé Danriot ont été mandés à leur tour à l'archevêché. Ils reviennent; tout est éclairci. L'abbé Falcol a été convaincu d'être l'instigateur de tous les troubles du séminaire ; c'est un hypocrite dont les mœurs détestables ont été signalées; c'est un traître qui s'est rendu coupable de plusieurs abus de confiance. L'abbé Omont reste supérieur ; l'abbé Danriot est obligé de reconnaître qu'il n'a été qu'un docile instrument entre les mains de Falcol; il est forcé de rendre son estime à l'abbé Omont ; il blâme encore l'excessive bonté du supérieur, mais il ne nie plus la pureté de sa doctrine.

Quel était l'étonnement, quelle était la confusion de Désodry! « C'est un » affreux tissu de calomnies, s'écria-t- » il; eh quoi! mon respectable ami! ce » saint homme, ce vertueux prêtre!... » Le voilà donc victime innocente... » Mais lui-même aussi reçoit un message : de qui? De madame Derblay. Elle lui annonce qu'elle désire lui parler à l'instant pour une affaire importante, dans laquelle l'abbé Falcol est intéressé. Plus de scrupules; il court au couvent : nouvelle surprise! son oncle, M. Lecoq, arrive presque en même temps que lui au parloir.

C'était madame Derblay qui, par l'entremise de son officieux avocat, et par le crédit des amis puissans qu'elle avait su intéresser à elle, était parvenue à démasquer et à faire punir l'abbé Falcol. C'est elle qui, du fond de son couvent, avait mis en mouvement toute la sorbonne et tout l'archevêché; elle avait fait agir des hommes de nom, des femmes de la cour; elle-même, donnant à sa démarche une couleur généreuse et désintéressée, elle avait vu les grands vicaires, l'archidiacre, l'archevêque. Elle n'était pas noble, mais par sa mère elle se trouvait cousine éloignée de monseigneur. Elle avait su profiter habilement de cette circonstance; elle avait adroitement tourné contre l'abbé Falcol les efforts récens qu'il avait faits pour lui nuire dans son procès. Fière de son succès, elle voulait que Désodry apprît de sa bouche que c'était à elle, à elle seule, qu'il devait d'être délivré de l'odieux hypocrite qui l'avait subjugué. Elle voulait instruire M. Lecoq que, grâce à elle, l'autorité ecclésiastique avait interdit à l'abbé Falcol et au couvent de femmes dont il avait été directeur, d'accepter la donation des biens de mademoiselle

Véronique. Elle était rayonnante en racontant à l'oncle et au neveu tout ce qu'elle avait découvert, tout ce qu'elle avait fait. Mademoiselle Désodry n'était pas présente; avec une malice piquante, mais avec mesure, avec décence, madame Derblay se permit de s'égayer aux dépens des intrigues galantes de monsieur l'abbé Falcol. M. Lecoq en riait de tout son cœur; Désodry en rougissait, mais il fallut bien qu'enfin il crût à la perfidie de son ami; comment révoquer en doute ce que lui disait la belle madame Derblay? N'y avait-il pas des preuves d'ailleurs? des preuves écrites, les projets d'actes de donation, des délations tantôt violentes, tantôt astucieuses, contre l'abbé Omont, contre les autres personnes du séminaire, même contre l'abbé Danriot, même contre Désodry, que son cher ami traitait de jeune nigaud. M. Lecoq était furieux contre l'abbé et transporté d'admiration, de reconnaissance pour madame Derblay. Désodry la nommait son amie, sa bienfaitrice, son ange gardien. Mademoiselle Pauline entra dans le parloir ; alors, avec modestie, avec sentiment : « Voilà, dit madame » Derblay, l'aimable personne pour qui » j'ai tout fait; c'est mon amitié pour » elle qui m'a conduite à prendre inté- » rêt à son frère. » — « Parbleu! dit » M. Lecocq, vous êtes une brave fem- » me, une femme de tête. Quel dom- » mage que vous ayez un mari, et que » mon neveu veuille se faire prêtre! » Qui sait?... » Il s'arrêta : Désodry porta sur madame Derblay un regard où il y avait une espèce de regret, et madame Derblay affecta de baisser timidement les yeux.

On ne parvint jamais à détromper tout-à-fait mademoiselle Véronique sur le compte de son ex-directeur, le cher abbé Falcol ; long-temps elle pleura son absence; long-temps elle en voulut beaucoup à son neveu, qui épuisait vainement sa rhétorique pour lui prouver combien l'abbé était coupable. Ce neveu qui, peu de jours auparavant, ne trouvait assez de dévotion à personne, s'indignait de l'aveuglement de sa tante Véronique; il lui échappa de dire à M. Lecoq que sa tante était une fanatique.

FIN DU PREMIER VOLUME.

TABLE

DES

CHAPITRES DU PREMIER VOLUME.

PREMIÈRE PARTIE.

LIVRE PREMIER.

LIVRE SECOND.

FIN DE LA TABLE.

www.ingramcontent.com/pod-product-compliance
Ingram Content Group UK Ltd.
Pitfield, Milton Keynes, MK11 3LW, UK
UKHW020211250726
13967UKWH00003B/1404